JÖRN PINSKE

FRÜHBEET GÄRTNERN

Anbausaison verlängern – Ernte steigern

blv

Was Sie in diesem Buch finden

Grundlagen zum Frühbeet

Warum ein Frühbeet?

Eigentlich sagt die Bezeichnung Frühbeet schon alles, ein »frühes« Beet, meist um Gemüse früher zu ernten. Ob das Beet am Boden, als Hochbeet oder in einem speziellen Kasten angelegt wird, ist nicht entscheidend. Auch nicht wie die frühe Ernte erreicht wird, ob mit Folie, Holz, Stein oder Kunststoff. Es muss eine geschützte Umgebung sein. Wenn man früher im Jahr anfängt, heißt das, *eher und mehr* zu ernten. Das bedeutet aber auch, *mehr* zu planen und aktiver zu sein. Das Frühbeet verschafft einen Zeitvorteil je nach Vorkultur von zwei bis sechs Wochen, und um den gleichen Zeitraum verlängert sich die Gartensaison. Wenn die starken Fröste vorbei sind, wird im Frühbeet schon ausgesät oder bei Vorkultur ausgepflanzt. Im Gegensatz zur Anzucht auf der Fensterbank, sind die Jungpflanzen aus dem Frühbeet abgehärtet und wachsen ohne Stress im Garten weiter.

Bohnen sind frostempfindlich, aber leicht im Frühbeet vorzuziehen.

Neben der Nutzung als Anzuchtbeet kann man aber auch »einfach« besser kultivieren. Da die Pflanzen geschützter sind, wachsen sie schneller und sind zarter und schmackhafter. Mit dem Frühbeet kann man den »Nachwuchs« für den Garten zeitgenau und bedarfsgerecht heranziehen. Auch wenn im zeitigen Frühjahr zunehmend in den Gartencentern schon Salat, Kohlrabi und andere Jungpflanzen angeboten werden, ist die Auswahl nicht besonders umfangreich und interessante Sorten kann man ohnehin nur in der Saattüte erwerben. Besonders dann, wenn man Wert auf Bio-Qualität legt, sollte man die Jungpflanzen selbst anziehen. Nicht verschwiegen werden soll, das die Arbeit mit dem Frühbeet »mühselig« ist, aber immerhin im Wort steckt auch »selig«. Synonyme für selig sind laut Duden u. a. begeistert, beglückt, glücklich, voll Freude, von Glück erfüllt.

Das Frühbeet richtig einsetzen

Hobbygärtner sollten nicht auf das Frühbeet verzichten. Denn im Frühbeet sind sogar an trüben Tagen 2 °C bis 4 °C höhere Temperaturen als im Freiland möglich. Nicht zuletzt wird der kalte Wind abgehalten, der im Frühjahr den jungen Pflanzen oft zu schaffen macht.

Standort

Das Frühbeet muss so viel Licht wie möglich erhalten. Der Platz im Garten soll leicht erreichbar sein, denn das Lüften, Gießen und die Kontrolle sind bei jedem Wetter notwendig. Bäume, Sträucher, Mauern, die den Kasten beschatten, sind ungünstig. Andererseits sollte ein Windschutz vorhanden sein, da viel Energie durch Wind verloren geht. Bei den üblichen kleinen Frühbeeten spielt die Himmelsrichtung keine Rolle. Frostlöcher in Senken sind genauso zu vermeiden, wie Bereiche, die lange im Frühjahr nass bleiben.

Wenn man schon ein Gewächshaus besitzt, sollte das Frühbeet in der Nähe des Hauses aufgestellt werden. Warum ein Frühbeet, wenn man schon ein Gewächshaus hat? Nicht nur die Fläche zur Nutzung wird größer, auch die Möglichkeiten, Pflanzen für die spätere Pflanzung im Garten »abzuhärten«, ist gegeben. Je früher man beginnt, umso wichtiger ist ein sonniger Standort, später muss allerdings schattiert werden.

Gewächshaus und Frühbeet – eigentlich eine optimale Einheit, um Jungpflanzen vor dem Auspflanzen abzuhärten und Stress zu vermeiden.

Das Kleinklima im Frühbeet

In Deutschland wird 5 °C als Richtwert (Schwellenwert) zur Grenze von Vegetations- und Ruheperiode angesetzt. Viele Gemüsearten stellen das Wachstum ein, wenn der Wert nicht erreicht wird. Ein Tag mit einer Tagesmitteltemperatur über 5 °C wird Vegetationstag genannt. Das Erreichen der Schwellentemperatur liegt je nach Region zwischen Mitte Februar (z. B. an der Bergstraße) und Ende März (z. B. in Schleswig-Holstein).

Ungefähr 14 Tage bevor dieser Wert im Garten erreicht wird, kann man im unbeheizten Frühbeet Pflanzen aussäen oder pflanzen. Das ist möglich, weil die Pflanzen gegen Wind geschützt sind, denn der spielt eine große Rolle, da er dem Boden Feuchtigkeit und damit Wärme entzieht. Eine noch bessere Möglichkeit ist die Kombination aus Frühbeet und Vlies, das direkt über die Pflanzen gelegt wird. Weiterhin kann es nötig sein, den Kasten zusätzlich gegen Kälte zu schützen. Dazu genügen eine Laubschicht um den Kasten, Styrodur an den Wänden oder/und Luftpolsterfolie auf der Abdeckung.

Frühbeet mit Stegdoppelplatten, solche Beete bleiben meist stationär.

Gibt es eine Gebrauchsanweisung?

Vielleicht so: am 15. Februar aussäen, am 20. Mai schattieren, am 16. Juli ernten. Das ist natürlich nicht möglich, es können nur Hinweise und Erfahrungen weitergegeben werden. Ausschlaggebend ist die genaue Beobachtung der Pflanzen. Hat sich die Blattfarbe verändert, kräuseln sich die Blätter, sind Schädlinge zu erkennen? Jede Veränderung muss ausgewertet werden, und man muss reagieren. Gebrauchsanweisung also nein, viele Tipps bei den Kulturen ja.

Der Wanderkasten

Neben stationären Frühbeeten kennt man auch leicht zu transportierende Frühbeete oder eben »Kästen«. Entweder sind sie aus lichtdurchlässigem Kunststoff, Holz und/oder Folie. Auch der Folientunnel oder die Überdachung auf einem Hochbeet zählen dazu. Leichte Frühbeete aus dem Gartenhandel oder Stecksysteme mit Holzlatten und solche mit Drahtbügeln gehören ebenfalls zu den Wanderkästen. Eigentlich zählen auch die bekannten Cloches dazu, Glasglocken, die heute häufig aus Kunststoff sind. Bauen Sie den Kasten selbst, können Sie diesen genau an die Beetbreite in Ihrem Garten anpassen.

Der Wanderkasten ist als temporäre Abdeckung für frostempfindliche Kulturen sinnvoll. Ist die

Frostgefahr vorüber oder sind die Pflanzen erntereif, kann man den Kasten schnell und ohne größere Mühe an anderer Stelle verwenden. Einsetzbar sind die Wanderkästen auch auf einem Beet, um eine zeitversetzte Ernte innerhalb einer Kultur zu erhalten. Sobald die Pflanzen einen deutlichen Vorsprung gegenüber den Freilandpflanzen haben, »wandert« man auf die nächste Fläche.

Kalte und warme Kästen

Einst wurde zwischen warmen, halbwarmen und kalten Frühbeeten unterschieden. In einem warmen Frühbeet entstand die Wärme durch mikrobiologische Abbauprozesse von Mist; daher kommt die Bezeichnung Mistbeetkasten. Die Mistpackung bestand vorzugsweise aus Pferdemist. Wurde weniger Mist oder Laub verwendet, ergab das einen halbwarmen Kasten. Auch Dampf- und Warmwasserheizungen waren üblich. Heute werden elektrische Bodenheizkabel und spezielle Propangas- oder Petroleumheizer verwendet. Eine »Packung« mit organischen Anteilen aus Stroh, Laub und Mist kann aber auch heute noch sinnvoll sein, ist aber arbeitsaufwendig. Mit Wärme ist es möglich, bereits zwischen Ende Januar und Ende Februar mit den ersten Kulturen zu beginnen. Bei einem kalten Frühbeet muss man dagegen noch warten.

Die Seitenwände sollten immer mit Laub geschützt oder mit Styrodurplatten verkleidet sein, um die tags eingestrahlte Wärme auch über Nacht zu halten. Das Abdecken der Fenster mit Noppenfolie ab Spätnachmittag dient dem gleichen Zweck. Man braucht aber nicht besonders ängstlich zu sein, denn Kulturen wie Kopfsalat, Kohlrabi, Rettiche und Radieschen überstehen auch für kurze Zeit Temperaturen unter 0 °C.

Das Doppelfrühbeet ist nach zwei Seiten zu öffnen. Dadurch erleichtert sich die Bearbeitung und ermöglicht das Lüften zur windabgewandten Seite, und es erwärmt sich dadurch besser.

Geheizt wird mit Mist

Wer einmal versuchen will, einen echten Mistbeetkasten zu packen, den sollten Schnee, Regen und Nachtfröste nicht abhalten, denn ab Anfang oder Mitte Februar kann man mit dem Packen beginnen. Vor allem dann wenn frischer Pferdemist zur Verfügung steht. Mit strohigem Rindermist wird etwas später angefangen, da sich Rindermist nicht so stark erhitzt, aber dafür die Wärme länger hält. Der Kasten wird 50 cm tief unter Bodenniveau ausgehoben, der Mist wird schichtweise eingebracht und festgetreten. Dabei werden strohige Anteile oder Laub und frischer Dung gleichmäßig vermischt, damit sich der Kasten auch überall gleich stark erwärmt. Um die Erwärmung zu gewährleisten, muss die Mistpackung nach dem Festtreten etwa 40 bis 50 cm hoch sein. Je fester die Packung, desto langsamer die Wärmeentwicklung. Trockener Mist wird vor dem Aufbringen der Erde mit warmem Wasser angegossen.

Bei hohem Laub- oder Strohanteil kann es sinnvoll sein, zusätzlich einen schnell lösbaren Stickstoffdünger beizugeben. Dazu löst man den Mineraldünger in Wasser auf und verteilt ihn mit der Gießkanne. Auf ca. 10 kg Stroh werden bis

Pferdemist ist mehrfach nutzbar. Er eignet sich optimal zur Erwärmung der Frühbeete, zur Verbesserung des Bodens und nicht zuletzt als Dünger.

zu 400 g Blaukorn oder Nitrophoska ausgebracht. Organische Stickstoffdünger wie Horngries oder -mehl reagieren langsamer. Vor dem Einbringen des Stallmistes ist es ratsam, erst eine dünne Laub- oder Strohlage als Isolierung ins Beet zu geben. Wenn möglich sollten auch die Außenwände mit Laub, Stroh oder Styrodurplatten isoliert werden.

Die Höhe der Erdschicht auf dem Mist sollte ca. 20 cm, der Abstand zu den Fenstern sollte nicht mehr als 25 cm betragen, um den Luftraum klein zu halten. Als Erdschicht wird verrottete Komposterde mit sehr feuchtem Torf oder anderen Zuschlagstoffen wie Rinde oder Kokos vermischt. Die Entwicklung von Mistpilzen wird gehemmt, wenn unter die Erdschicht noch eine dünne Laubschicht von 2 bis 3 cm kommt. Die Nutzung (Aussaat/Pflanzung) kann erst nach etwa vier bis fünf Tagen erfolgen, wenn die Ammoniakgase aus dem Mist entwichen sind. Den Kasten mit Noppenfolie oder Schilf so lange abdecken, bis er bestellt wird. Gründe für mangelnde Wärmebildung können sein: zu trockener Mist, ungleichmäßige Schichtung, zu wenig Mist oder Ersatzstoffe.

Elektrische Heizung, Solar- und Gasheizung

Steht im Garten ein Stromanschluss zur Verfügung, ist die Beheizung eigentlich einfach und relativ preiswert. Das Frühbeet ist mit **elektrischen Heizmatten** oder besser **Bodenheizkabeln**, die es in unterschiedlichen Längen und damit Leistung gibt, zu beheizen. Man kann über ein Thermostat die richtige Temperatur wählen. Eigentlich genügt es, bei den frühen Gemüsearten den Frost auszuschließen. Wenn man allerdings früher ernten will, sollte man die Wachstumstemperatur auch nachts nicht unter 5 °C sinken lassen. Bodenheizkabel werden zur besseren Wärmeverteilung in Sand verlegt. Vor Beschädigung des Kabels oder der Matte, z. B. durch die Pflanzschaufel, kann man zusätzlich mit einem feinmaschigen Draht schützen.

Eine andere Möglichkeit ist die Beheizung mit **Gas**. Es werden spezielle Minigasheizungen für das Frühbeet angeboten. Sie sind sparsam im Verbrauch, werden in unterschiedlicher Wattleistung angeboten und brauchen den Vergleich zu Strom, auch im Arbeitspreis, nicht zu scheuen. Allerdings muss man Propangasflaschen (5 oder 10 l) anschließen und überwachen. Einen positiven Nebeneffekt bringt das Kohlendioxid (CO_2) aus der Verbrennung mit sich, die Fotosynthese wird verbessert und damit das Wachstum der Pflanzen beschleunigt.

Der Einsatz einer **Petroleumheizung**, ist in größeren, höheren Frühbeeten auch möglich. Die Heizung ist preiswert, Petroleum (Paraffin) aller-

Eine solche Gasheizung nimmt nicht viel Platz in Anspruch. Achten Sie immer auf Sicherheit.

dings relativ teuer. Bei diesen Geräten muss der Docht rußfrei brennen, er muss richtig gewartet werden.

Unter der Bezeichnung ***Beta-Solar*** werden schwarze Folienschläuche von ca. 7 cm Durchmesser angeboten. Sie werden mit Wasser befüllt und in Reihen zwischen die Pflanzen gelegt. Sie speichern die Sonnenwärme und geben sie nachts ab. Das funktioniert natürlich nur, wenn die Sonnenscheindauer entsprechend lang ist. In den Wintermonaten Dezember, Januar und Februar wird man mit den Schläuchen keine Frostsicherheit erzielen. Ab März ist es jedoch bei richtiger Anwendung eine alternative Heizung oder Ergänzung.

Für alle Arten von Beheizungen gilt: Unten wird eine Styrodurplatte oder eine Laubschicht zur Isolierung eingebracht, und als zusätzlicher Schutz wird mit Noppenfolie oder Laub abgedeckt. An kalten, trüben Tagen wird die Noppenfolie auf dem Fenster überhaupt nicht entfernt.

Beta-Solarheizung, eigentlich eher simpel aber effektiv – heizen mit der Sonne.

Folien und Vliese

Welche Folien und Vliese eignen sich für welchen Zweck? Im Garten können Folien besonders vielseitig eingesetzt werden, ob gegen Insekten, als Frostschutz oder Mulch. Aus Folien sind die meisten Frühbeetfenster, sie schützen Hochbeete und Beete. Leider ist die Entsorgung, wie schon die Herstellung, nicht unproblematisch.

Die Folien für den Garten bestehen entweder aus Polyethylen (PE) oder Polyvinylchlorid (PVC). Gerade Folien aus PVC wären gut geeignet, da sie haltbar, widerstandsfähig gegen UV-Strahlung und andere Witterungseinflüsse sind. Sie enthalten aber chlorierte Kohlenwasserstoffe, die die Umwelt belasten.

PE-Folien werden unter Sonnenbestrahlung schnell brüchig und spröde, um die Festigkeit zu verbessern, werden sogenannte Additive beigegeben. Sie verhindern die statische Aufladung, sodass sie weniger verschmutzen. Garten PE-UV-Folien können den UV-Anteil des durchgehenden Lichtes mindern, jedoch eine hohe Lichtdurchlässigkeit im PAR- und im langweiligen Bereich haben. PAR steht für »fotosynthetisch aktive Strahlung« (photosynthetic active radiation). Pflanzen benötigen hauptsächlich Licht im Wellenlängenbereich zwischen 400 nm (blaues Licht) und 700 nm (rotes Licht). Dieser Wellenlängenbereich des Lichtspektrums wird darum PAR-Bereich genannt.

PE-IR-(Infrarot) Folien und PE-EV-/A-Folien vermindern die langwellige Wärmestrahlung. Das macht sie für die Frühbeetfenster interessant. Allerdings sind solche Folien deutlich teurer, dafür lassen sie sich fast rückstandsfrei entsorgen oder sogar recyceln.

Folien zur Ernteverfrühung

Folien zur Ernteverfrühung sind entweder transparent, schwarz oder weiß. Die transparenten Folien sind mit 0,5 mm sehr dünn, damit sie flach über das Beet gebracht werden können. Man bezeichnet sie darum auch als Flachfolien. Wenn sie mithilfe von Drahtbügeln als Folientunnel über die Beete gespannt werden, sind die Folien meist stärker, damit sie mehrfach verwendet werden können. Ungelochte Folien sollte man nur kurzfristig einsetzen, da man nicht ausreichend lüften kann und es daher zu Fäulnis an Pflanzen kommt.

Auch Lochfolien sind recht dünn. Sie haben vorgestanzte Löcher, die Zahl und Größe ist je nach Hersteller unterschiedlich. Diese Löcher ermöglichen die Zirkulation der Luft, lassen aber Wasser durch. Man braucht die Folien also nicht zum Gießen zu entfernen. Man verwendet sie überwiegend als Flachfolien. Günstig sind Folien mit 500 bis 1000 Löchern pro m^2, die meist für drei bis fünf Wochen über den Pflanzen verbleiben und so die Ernte verfrühen.

Statt Löcher haben die Schlitzfolien sehr feine Schlitze, ca. 30 000 pro m^2. Diese sind zuerst verschlossen, da aber dehnbar, können die Schlitze quasi »mitwachsen.« Über die Pflanzen gelegt vergrößern sich die Schlitze mit dem Pflanzenwachstum. Wasser und Luft kommen an die Pflanzen. Die Folie kann länger auf den Pflanzen bleiben. Nachteilig ist, dass die Schlitze sich nicht wieder verschließen, was eine mehrmalige Verwendung behindert.

Vliese

Vliese sind unentbehrlich, sie verbessern das Kleinklima, verfrühen die Ernte und sind als Frostschutz im Frühjahr und Herbst einsetzbar. Vlies ist ein sehr leichtes und feines Gewebe aus Polyethylen (PE) oder auch Polypropylen (PP). Es lässt Luft zirkulieren, Regen

Lochfolie schützt, ermöglicht aber den Luftaustausch auch bei großer Hitze.

Schlitzfolie wächst mit den Pflanzen. Zunächst Kälteschutz – später ermöglicht sie viel Frischluft.

und fein verteiltes Wasser kann fast ungehindert durch, daher kann es lange über den Pflanzen bleiben. Die heute meist benutzten Vliese sind ca. 20 g pro m^2 schwer. Vlies hält die tagsüber gespeicherte Bodenwärme zwischen den Pflanzen, die Temperatur um die Pflanzen ist bis zu 5 °C höher als die Außentemperatur. Die Lichtdurchlässigkeit ist zwar geringer als bei Gartenfolien, aber mit bis zu 80 % noch recht hoch.

Mulchfolien und -vliese

Mulchfolien sind schwarz gefärbte PE-Folien oder biologisch abbaubare Folien. Sie werden auf den Boden ausgebreitet. Dort, wo gepflanzt oder gesät werden soll, werden Löcher oder Schlitze eingeschnitten. Wärmebedürftige Gemüse wie Paprika, Gurken oder Erdbeeren wissen die Bodenwärme, die unter der Folie entsteht, besonders zu schätzen. Doch auch andere wie die Salate profitieren davon.

Neben der Erwärmung des Bodens und der bodennahen Luftschichten, unterdrückt die Folie Unkraut und verhindert verschmutze Früchte oder Blätter. Nachteilig ist, dass Wasser nur über die Öffnungen direkt an den Pflanzen aufgenommen werden kann. Anders verhält es sich bei Mulchvlies, Wasser dringt über die gesamte Fläche ein. Durch die Öffnungen im Vlies entsteht weniger Bodenwärme. Vliese sind teurer, dafür mehrfach verwendbar. Zum Mulchen werden außer den Folien, auch die abbaubaren Produkte aus Schafwolle, Recyclingpapier, Baumwollgaze aus kontrolliert biologischem Anbau und Mulchplatten aus Holzfasern angeboten. Nicht alle sind in Kleinpackungen erhältlich.

Mulchfolie, auf Basis von Getreidemehl, biologisch abbaubar für Salat und andere Kurzkulturen.

Unkrautschutzmatte aus Schafwolle: Schutz des Bodens und optimales Wachstum.

Folien und Vliese als Kälteschutz

Folien sind auch Kälteschutz, als Mulchfolien und -vliese tragen sie zur Bodenerwärmung bei und schützen Pflanzen, vor allem aber die Wurzeln vor Kälte – vor starkem Frost können sie nicht ausreichend schützen. Im Freiland, aber auch im Frühbeet, können ungelochte Folien bis zu einem gewissen Grad (–3 °C) vor Frost schützen. Daneben gibt es spezielle Thermo-Vliese als Winterabdeckung mit guten Frostschutzeigenschaften. Sie sind aus mechanisch verfestigten Polypropylenfasern. Sie sind entweder kurzfristig für empfindliche Pflanzen oder auch dauerhaft als Kälteschutz einzusetzen.

Thermovliese lassen Licht durch, aber auch Luft und Wasser. Als aktiver Frostschutz wirkt das im Gewebe festgehaltene Wasser, wenn es gefriert. Es entsteht eine isolierende Schicht. Oberirdische Pflanzenteile werden so vor Frost von –5 °C bis –7 °C geschützt. Die schon mehrfach genannten Luftpolster- oder Noppenfolien sind besonders gut isolierend durch die zusätzlichen Lufteinschlüsse, die Noppen.

Wie kombiniert man Frühbeet und Folie?

Man sollte meinen, wer ein Frühbeet hat, kann auf Folien und Vliese verzichten. Doch die Einsatzmöglichkeiten sind vielfältig. Ob für frisch pikierte Sämlinge, direkt nach der Pflanzung oder zum Schutz der Stecklinge, immer kommt Vlies zum Einsatz. Auch das Frühbeetfenster selbst kann beispielsweise mit Folie bespannt werden. Wenn man keine Zeit oder Lust hat, natürliche Materialien zu verwenden (Stroh,

Vliese schützen vor Frost. Sie werden als Flachfolien in Stärken von 17 g bis 60 g pro m^2 angeboten. Besonders wichtig sind sie bei Jungpflanzen.

Beinwell, Brennnesseln), kann man auf die praktischen Mulchvliese und -folien zurückgreifen. Man muss weniger gießen und schützt den Boden. Als Schutz vor der Kälte im Frühjahr und Herbst kann man ebenfalls das leichte Vlies verwenden, besser jedoch ist Thermovlies. Praktisch ist es, alle Folien und Vliese entsprechend zu konfektionieren. Man kann sie in der Größe an die Aussaatgefäße, Pikierschalen, Multitöpfe und letztlich an den ganzen Kasten anpassen.

Netze schützen

Gemüseschutznetze werden erfolgreich gegen schädliche Insekten eingesetzt, sie verhindern die Ei-Ablage von Gemüsefliegen. Besonders gut wirken sie gegen die Kohlfliege, sie ähnelt in ihrem Aussehen einer Stubenfliege, ist aber viel kleiner. In der Entwicklung vom Ei zur Larve frisst sie unter- und oberirdisch im Gewebe aller Kohlsorten, Radieschen, Rettich und Kohlrabi. Maden der Möhrenfliege fressen an Sellerie, Petersilie und Möhren. Die Netze schützen auch vor Kohlweißling und Lauchmotten. Der Schutz vor Läusen ist nicht sicher, denn viele sehr kleine Formen können die Netze passieren. Die Netze werden entweder direkt über die Pflanzen oder mit einem Rahmen über das Frühbeet gebracht. Natürlich sind auch sie UV-beständig und engmaschig (1,35 mm × 1,35 mm), dazu stabil und leicht. Mehrfache Verwendung ist möglich, dazu können sie gereinigt werden. Genügend Licht kommt durch, die Luftzufuhr wird etwas behindert. Die Netze sollten aus umweltfreundlichem Hochdruckpolyäthylen hergestellt sein, dann lassen sie sich im Recyclingverfahren aufarbeiten. Sie müssen absolut dicht am Boden anliegen, sodass den Insekten der Zugang wirklich verwehrt wird. Darum mit Haken, Sandsäcken befestigen oder im Boden eingraben.

Folientunnel sind ein fast ebenbürtiger Ersatz für feste Frühbeete – zumindest ab Mai.

Folientunnel

Neben vielen Komplettangeboten, also Folie und Bügel zusammen, kann man Bügel und Folie getrennt erwerben. Die Bügel sind aus Kunststoff, Aluminium oder Stahl, mehr oder weniger groß, werden gebogen oder zusammengesteckt. Auch eine Luxusvariante in Aluminium mit Klemmen für die Folie wird angeboten. Als Folien kommen Gewächshaus- und Gitterfolien infrage. Sie sind relativ lange haltbar. Eine weiß eingefärbte Version reduziert Licht für Pflanzen, die schnell verbrennen könnten oder zum »Schießen« neigen wie Sommersalat-Sorten. Es gibt auch Folien, die für UV-Strahlung durchlässig sind, damit erzielt man besseres Aroma und intensive Färbung sowie kompakte Pflanzen.

Frühbeet-Praxis

Boden und Bodenpflege

Der Boden im Frühbeet ist für den Erfolg noch wichtiger als im Freiland, weil er mehr beansprucht wird. Er sollte wie im Freiland gepflegt werden. Spätestens wenn eine Kultur abgeerntet ist, wird grob aufgelockert, damit Bodenwasser nicht verdunstet. Humoser, nicht zu feiner Boden ist wichtig. Feiner Boden neigt zur Verschlämmung. Ist im Frühbeet nach der Ernte keine weitere Nutzung vorgesehen, sollten wenn möglich Fenster/Folie entfernt werden. Ist das nicht möglich, muss das Frühbeet weiter gepflegt werden, als wenn eine Kultur darin wäre. Denn der Boden lebt und das sollte auch im Frühbeet so sein. Es muss weiter gegossen und gelüftet werden. Humus muss erhalten bleiben, beeinflusst er doch die physikalischen, chemischen und biologischen Bodenfunktionen. Er speichert Nährstoffe und Wasser, erhält das Filter- und Puffervermögen und die biologische Aktivität. So darf der Boden im Frühbeet nicht zu warm und nicht zu trocken werden. Je mehr organische Substanz der Boden im Frühbeet enthält, desto höher der Ertrag. Pflanzen im gesunden Boden können sich am besten selbst schützen.

Versalzungen vermeiden

Weil das Frühbeet intensiv genutzt wird, die Kulturen häufig wechseln und dadurch mehr gedüngt wird, kann es zu Versalzung kommen. Im Garten wird der Wasservorrat im Winter durch Regen und Schnee aufgefüllt, die nicht verbrauchten Düngesalze und Ballaststoffe werden ausgewaschen. Das ist nur im offenen Frühbeet möglich. Bei mangelnder Wasserversorgung kommt es schnell zu einer Übersalzung des Bodens. Muss der Kasten geschlossen bleiben (bei Winternutzung), sollten Sie vor der folgenden Frühjahrsnutzung unbedingt mit reichlich Wasser auswaschen oder den Boden austauschen. Wenn im Winter kein Wasseranschluss verfügbar ist, kann man sich auch mit Schnee behelfen.

Richtig Gießen

Immer die richtige Gießmenge zu finden, ist wohl die schwierigste Aufgabe in der Pflanzenpflege. Gerade im Frühjahr wird der Bedarf

Im Kompost finden sich Regen- oder Kompostwürmer als fleißige Helfer.

schnell überschätzt, im Sommer unterschätzt. Saat, Sämlinge und Jungpflanzen können, sollen sogar, ruhig oberflächlich abtrocknen. Durch diesen »Stress« werden sie abgehärtet. Es ist nicht möglich, den Wasserbedarf allein nach der Oberfläche zu beurteilen. Bei Hitze im Frühbeet trocknet die Bodenoberfläche rasch ab, im Wurzelbereich bleibt es feucht. Gießwasser muss temperiert (maximal 20 °C) sein, das bekommt den Pflanzen am besten. Warmes Gießwasser aber nicht frühmorgens auf ausgekühlte Pflanzen gießen, genauso wenig wie kaltes Wasser auf erwärmte Pflanzen in der Mittagszeit. Die Temperaturunterschiede führen zu Blattschäden. Im Frühbeet sollte man am späten Vor- oder späten Nachmittag gießen. Wenn das Frühbeet wegen niedriger Außentemperatur geschlossen bleibt, nicht gießen. Der Wasserbedarf ist bei geschlossenen Frühbeeten niedrig, da die Luftfeuchtigkeit sehr hoch ist. Zum Gießen möglichst Regenwasser verwenden, es ist »weich« und beeinflusst den pH-Wert und den Nährstoffeintrag des Bodens wenig. Die obere Bodenschicht im Frühbeet trocknet schneller aus, darum müssen Flachwurzler oder Jungpflanzen häufiger gegossen werden. Im Zweifel sollte man aber **nicht** gießen! Pflanzen sollen im Frühbeet nie nass in die Nacht gehen, das führt zu Pilzkrankheiten. Nur oberflächliches Befeuchten der Pflanzen, während die Wurzeln unter Wassermangel leiden, ist falsch, lieber weniger, aber durchdringend gießen. Daneben spielt das aktuelle Wetter eine Rolle. Wie ist die Prognose für den Tag, bewölkt oder sonnig? Auch zum Gießen benötigen Sie die richtige technische Ausstattung. Sie sollten niemals einfach mit einem Schlauch spritzen! Die Pflanzen könnten beschädigt werden, der Boden kann verschlämmen, oder er wird weggespült. Verwenden Sie für Schlauch und Gießkanne nur Brausen, die das Wasser möglichst weich verteilen. Auch die Tropfbewässerung ist eine optimale Bewässerung für größere Pflanzen, allerdings im Frühbeet aufwendig in der Installation.

Feine Brause an einer Gießkanne – wichtig für Sämlinge und frisch pikierte Pflanzen aller Art.

Blumat-Bewässerung, Tonkegel und Tropfer zur individuellen Bewässerung.

Lüften im Frühbeet

Über das Lüften im Frühbeet wird die Temperatur geregelt, dazu die Zufuhr von Sauerstoff und Kohlendioxid für die Fotosynthese. Es darf nicht zu heiß, aber auch nicht zu kalt werden. Im Frühjahr und Herbst, dann wenn die Außentemperaturen noch nicht oder nicht mehr hoch sind, kann es im Frühbeet schon zu heiß werden. Man kann das Frühbeet nicht ohne Aufsicht lassen.

Automatische Fensteröffner sind unentbehrlich

Mit einem automatischen Fensteröffner kann man zumindest die Lüftung regulieren, ohne anwesend zu sein. Automatische Fensteröffner funktionieren unabhängig vom Strom. Der Antrieb basiert meist auf einer Wachsbasis in einem Zylinder. Dieses Wachs zieht sich dank seiner physikalischen Eigenschaften bei niedrigen Temperaturen stark zusammen und dehnt sich bei steigenden Temperaturen aus. Die Wachsflüssigkeit steuert eine Kolbenstange, die sich nach vorn bewegt und über eine Hebelmechanik das Fenster öffnet oder sich durch das Gewicht des Fensters und einer Stahlfeder wieder zurückzieht. Ohne die Kraft der vorgespannten Feder würde das Gewicht des Fensters nicht ausreichen, um Wachs und Kolbenstange zurückzudrücken. Dieser Vorgang geschieht langsam. Durch Ein- bzw. Ausdrehen des Führungsrohrs am Lüfter kann der Zeitpunkt des Öffnens und Schließens – immer voneinander abhängig – auf die richtige Temperatur eingestellt werden. Je nach Hersteller beträgt die Tragkraft zwischen 7 kg und 18 kg. Die Fensteröffner sind praktisch wartungsfrei. Wichtig ist eine stabile Sturmsicherung.

Mit richtigem Lüften gesunde Pflanzen erhalten

Es ist wichtig, rechtzeitig zu lüften, aber auch wieder abzulüften. So werden Jungpflanzen, besonders von Frühgemüse, bei zu hoher Luft-

Lüftungsklötzchen aus Holz, es wird flach, kant oder wie hier hoch gelüftet.

Automatischer Fensterheber, er öffnet und schließt bei der gewünschten Temperatur.

feuchtigkeit und zu hohen Temperaturen lang, weich und krankheitsanfällig. Später im Jahr, ab Juni, kann man, abhängig von der Kultur, eine Dauerlüftung im Frühbeet lassen bis letztlich sogar zum Entfernen der Fenster. Überhaupt ist es immer günstiger, eher zu viel als zu wenig zu lüften. Eine Ausnahme sind Gurken, Melonen und Zucchini als Jungpflanzen. Sie bevorzugen eher »gespannte Luft«, also hohe Luftfeuchtigkeit.

Früher war es üblich, die Fenster mit Lüftungshölzern zu lüften, häufig mit Dachlatten 4 cm mal 6 cm in einer Länge von 30 cm. Manchmal noch mit einer Kerbe bei 20 cm. Die Lüftungsanweisung des Gärtnermeisters an den Lehrling war dann knapp, lüfte »flach«, (4 cm) »kant« (6 cm) »halbhoch« (20 cm) oder »hoch« (30 cm). Das kann man als Richtwert nehmen. Jungpflanzen oder frisch gesetzte Pflanzen werden zunächst »flach«, mittags dann vielleicht schon »kant« und schließlich »hoch«

Eine Handvoll Dünger, bei mineralischen Düngern ca. 50 g – ein »handliches« Praxismaß.

gelüftet. Beim automatischen Öffner wird entsprechend die Vorauswahl getroffen. Da alle Gemüse lichthungrig sind, ist eine Schattierung wie im Gewächshaus nicht notwendig. Frisch pikierte oder gesetzte Pflanzen muss man allerdings zunächst mit Vlies schützen.

Düngung

Der Boden im Frühbeet wird durch intensive Nutzung stärker beansprucht als der Freilandboden. Durch die höhere Bodentemperatur wird die Umsetzung der Nährstoffe günstig beeinflusst. Es muss gedüngt werden. Dabei ist es heute nicht einfach, über Düngung sachlich zu diskutieren. Nur biologisch, nur Dünger aus Pflanzen, kein Knochenmehl, keine Hornspäne, doch mineralische Dünger oder organisch-mineralisch gemischt? Rein »biologisch«, das wird arg strapaziert, die Aufnahme der Nährstoffe (ob mineralischer Dünger oder organische Masse wie Kompost, Mist usw.) ist immer abhängig von biologischen Prozessen. Dazu zählen die Boden- oder Substrateigenschaften, die Rhizosphäre (der unmittelbar von der Wurzel beeinflusste Bereich), die Bodenfeuchte, der pH-Wert und die Mobilität bzw. Wasserlöslichkeit des Nährstoffs. Von der Pflanze aufgenommen werden anorganische Verbindungen, Wasser und Kohlendioxid, als Ionen der Elemente Stickstoff, meist in Form von Ammonium- oder Nitratsalzen, dazu Phosphat und Kalium. Um nur hier die Hauptnährstoffe zu nennen, die sich auch auf den Düngemittelverpackungen als Prozentangaben finden lassen. Die vielen, auch wichtigen Spuren- oder Mikronährstoffe sind je nach Pflanze unterschiedlich bedeutsam. Aus

Biodüngern werden letztlich auch nur Elemente (Ionen) aufgenommen, die aus mineralischen Düngern direkt (auch unter der abschreckenden Bezeichnung »Kunstdünger«) verfügbar sind. Nur muss zuvor die Mineralisierung organischer Substanzen durch Bodenlebewesen erfolgen. Organische Dünger wirken sich aber positiv auf die Qualität des Bodens aus. Ein reiches Bodenleben sorgt für optimale Pufferung der Nährstoffe im Boden, Sauerstoff verbessert das Wurzelwachstum. Viele Wurzeln bewirken viel Blattmasse und letztlich eine größere Ernte. Allerdings führt ein mineralischer, sofort wirksamer Dünger, über Blatt oder Wurzel aufgenommen, zu schnellem Erfolg, besonders bei offensichtlichem Mangel, wo organische Dünger oder gar pflanzliche Dünger, viel zu lange brauchen würden, um Wirkung zu zeigen.

Mulchen im Frühbeet

Wird das Frühbeet überwiegend als Anzuchtbeet genutzt, kann man den Boden mit einer Mulchfolie auslegen. Die Anzuchtkästen und Multitopfplatten sind so vor Unkraut in einer hygienischen Umgebung untergebracht, ohne das Bodenleben negativ zu beeinflussen. Für längere Kulturen, Paprika, Zucchini, aber auch Salat oder Kohlrabi eigenen sich organische Mulchmaterialien. Günstig ist eine Mischung aus Stroh (50 %, damit es nicht zu Fäulnis kommt) und frischem Grün von Brennnessel, Beinwell, Giersch und anderen nicht samentragenden Pflanzen. Als Ersatz können natürlich Folien, besonders die abbaubaren Folien, oder Matten aus Schafwolle oder Kokosfaser dienen.

Kopf- und Eissalat, mit Stroh gemulcht, das schützt den Boden, verhindert Unkrautwuchs und spart Gießwasser. So werden Krankheiten wie Grauschimmel *(Botrytis cinerea)* vermieden.

Wie wird das Frühbeet genutzt?

Nutzung mit und ohne Garten

Neben der Anzucht ist das »Treiben« im Frühbeet wichtig. Bei der Anzucht wird selten direkt ins Frühbeet ausgesät. Meist nutzt man flache Schalen oder bei Einzelsaat auch Multitopfplatten. Das sind quasi Töpfe, die in Reihen verbunden sind. Je nach Pflanzenart verwendet man Multitopfplatten, die einen Durchmesser pro Einzeltopf von 2 cm bis 8 cm haben. Zur Anzucht zählt auch das Pikieren. Beim Treiben wird letztlich die Kultur früher (Frühling), schneller durch günstigere Kulturbedingungen und länger (Herbst) möglich. Voraussetzung für den Erfolg über die ganze Saison ist die Planung, damit die relativ kleine Fläche im Frühbeet vielseitig genutzt werden kann. Ein kleines Frühbeet kann auch auf dem Balkon oder der Terrasse gute Dienste leisten. Etwa zur Anzucht von Pflanzen wie Balkontomaten oder Zucchini, die später im Topf weiter kultiviert werden, oder zusätzlich als Treibhaus für Kresse, Schnittlauch, Petersilie oder Basilikum. Für den Balkon unbedingt ein auch an den Seiten lichtdurchlässiges Frühbeet wählen, damit es nicht zu Lichtmangel kommt.

Aussaatschale mit Pak Choi, dem Senfkohl. In dieser Größe muss pikiert werden.

Die Aussaaten auf den Bedarf abstimmen

Die Anzucht im Frühbeet ist meist erfolgreicher als die Anzucht im Garten. Bei der Aussaat von Salat in einer flachen Schale wird fast jedes Korn aufgehen. Nur die kräftigsten Pflanzen werden ausgewählt und pikiert. Die Anzahl wird durch den individuellen Bedarf bestimmt. Wie viel frischer Salat wird für 14 Tage benötigt? Vom Rest sollte man sich unbedingt trennen und 14 Tage später die neue Aussaat vornehmen. Noch einfacher ist die Einzelkornsaat. Hier lässt sich die benötigte Anzahl noch leichter im Auge behalten. Achten Sie auf Vielfalt, und probieren Sie unterschiedliche Sorten aus. Wenn letztlich in den Garten gepflanzt wird, kann man jeden frei gewordenen Platz nutzen. Dann wird zwar eine wilde Mischkultur entstehen, aber eben eine gesunde Mischung mit unterschiedlicher Fruchtfolge.

Hochbeet als Frühbeet

Für viele Hochbeete werden fertige Frühbeetaufsätze angeboten. Sie sind wie andere Frühbeete, nur eben passend zu der Größe der jeweiligen Modelle. Damit wird das leidige Bücken vermieden. Denn bei allen Arbeiten im Frühbeet ist das »niedrige Beet« das Hauptproblem. Auch Folie als Abdeckung oder eigene Lösungen sind im Hochbeet möglich. Die Kultur unterscheidet sich natürlich nicht, das Arbeiten ist lediglich bequemer. Zusätzlich, wenn das Beet im Herbst richtig angelegt (gepackt) wurde, kann man, zumindest im ersten Jahr, mit optimalen Voraussetzungen für einen frühen Start rechnen.

Was ist in der Kultur anders als im Garten?

Im optimalen Klima des Frühbeets gedeihen die Pflanzen besonders gut; durch höhere Bodentemperaturen werden organische Stoffe rascher abgebaut. Nährstoffe werden schneller mobilisiert und von den Pflanzen schneller aufgenommen. Der Boden kann dabei Humus verlieren, der wieder zugeführt werden muss. Dabei helfen Mulchen und die Verwendung organischer Dünger. Der zeitliche Rahmen der Nutzung ist, wie schon erwähnt, um mehrere Wochen länger als im Freiland. Dem späten Herbst- bzw. Winteranbau im Frühbeet sind nur durch das fehlende Licht Grenzen gesetzt.

Multitopfplatten vereinfachen die Kultur. Die einmal pikierten oder direkt ausgesäten Pflanzen können später direkt ausgepflanzt werden. Frisch pikierte bleiben zuerst zum Anwachsen im Frühbeet.

Frühbeet – fertig kaufen oder selbst bauen

Fertigmodelle von der Stange

Zahlreiche Modelle in unterschiedlichen Ausführungen sind im Handel zu finden. Frühbeete werden im Frühjahr in fast jedem Gartencenter und in Baumärkten aus verschiedenen Materialen wie Holz, Aluminium, Folien und Hohlkammerplatten angeboten. Häufig lässt der meist leichte und flache Karton Rückschlüsse auf Größe (60 cm × maximal 100 cm) und Qualität zu. Vielfach sind die Rahmen aus Kunststoff oder Aluminium und die Abdeckung aus Folie oder Holhlkammerplatten. Bei anderen Modellen sind die Wände aus Hartplastik, und nur der Deckel, also das Fenster, ist lichtdurchlässig. Dann gibt es Modelle mit Holzrahmen, und das Fenster ist aus Kunststoff. Sogar Folientunnel, also Drahtbügel und Folie, werden als Frühbeet bezeichnet. Andere Modelle haben eine Metallkonstruktion, über die Gitterfolie, fertig zugeschnitten wie ein Zelt, mit Fenstern und Lüftungsöffnungen gezogen wird. Zudem findet man noch solche aus Kunststoffelementen. Da diese meist dickwandig sind, werden sie als Thermobeete bezeichnet. Eingedeckt sind sie dann mit Polycarbonat-Hohlkammerplatten.

Von Gewächshausherstellern gibt es noch Ausführungen in Aluminium mit 10 mm und 16 mm Stegdoppelplatten aus Plexiglas oder Polycarbonat. Die entsprechend starken Profile garantieren Haltbarkeit und Stabilität auch bei Sturm. Automatische Fensterheber sind üblich. Diese Frühbeete haben ihren Preis. Alle Typen werden häufig auch als Doppelfrühbeet angeboten, sie sind dann mit zwei Fenstern ausgerüstet. Das hat den großen Vorteil, dass man zur windabgewandten Seite lüften kann. Wenn sich unter den Fertigmodellen nicht das richtige finden lässt, kann man seinen »Kasten« auch leicht selbst bauen oder nach Maß aus Stahl oder Aluminium anfertigen lassen (siehe Anhang).

Frühbeet oder Folienzelt, hier aus UV-stabiler Gitterfolie mit einem Stahlgestell.

Tunnel-Frühbeet mit Stahlrahmen. An den Enden sind Deckel mit Lüftung vorgesehen.

Bauanleitung fürs Frühbeet

Die billigste (ca. 60 €) und für nicht versierte Bastler auch die einfachste Methode, zu einem Frühbeetkasten zu kommen, ist der Selbstbau. Die Bauweise ist simpel. Bewährt haben sich Kästen von 1 m mal 1 m Größe. Natürlich kann man die Größe abwandeln und den Erfordernissen anpassen, will man im Kasten kultivieren oder ist er nur dafür gedacht, die Anzucht zu optimieren? Für die Anzucht eigenen sich bereits kleinere Kästen. Ab 1 m kann man darin kultivieren, ab 1,50 m Breite sollte man zwei Fenster vorsehen. Wenn man das Holz im Baumarkt kauft und es auch gleich – meist kostenfrei – zuschneiden lässt, hat man bei der Holzart keine große Auswahl. Hauptsächlich werden Nadelhölzer wie Kiefer, Fichte und Tanne angeboten. Im Fachhandel ist die Auswahl größer, den Zuschnitt wird man dort aber selten erhalten.

Das beste Material liefert die Lärche, ein harzreiches Holz, wurmsicher, wetterbeständig, und es bildet kaum Risse beim Trocknen. Auch tropische Hölzer, allerdings aus zertifiziertem Anbau, sind geeignet. Damit das Holz lange hält, bekommt es einen schützenden Anstrich mit einer ölhaltigen, wirkstofffreien Farbe oder einem Holzschutzmittel, das als »pflanzenverträglich« eingestuft wurde. Ein ungewöhnliches, aber altbewährtes Rezept für einen umweltfreundlichen Holzschutzanstrich ist die Mischung aus Magermilch (fettarmer Milch 0,3 %) und Zement. Zement und Milch werden zu einer sämigen Flüssigkeit verrührt, nicht zu dünn, ständig, auch während des Streichens, wieder aufrühren. Damit wird das Holz gestrichen, zumindest die Innenseiten und Teile, die mit dem Boden in Berührung kommen.

Als Abdeckung für ein Frühbeet eignen sich auch gebrauchte Fenster. Der Kasten wird dann den Maßen angepasst. Bei der Verwendung von Fenstern mit Isolierglas ist das Gewicht zu berücksichtigen. Ein solch schweres Fenster bei Wind zu öffnen, erfordert viel Kraft. Mehrheitlich werden die Fenster wie im Bauplan aus einem Leistenrahmen, der mit stabiler Gitterfolie bespannt wird, bestehen. Frühbeete, die im Winter nicht genutzt werden, sollte man im Herbst nach der Ernte trocken lagern. Dann halten sie viele Jahre.

Selbstbau-Frühbeet mit Wellplatten. Bei Acryl ist hohe Lichtdurchlässigkeit und UV-Schutz gewährleistet.

Frühbeete in unterschiedlicher Ausführung: einmal selbstgebaut (o. r.), daneben eins aus Aluminium mit 16 mm Stegdoppelplatten und vorne ein einfaches Holzfrühbeet mit 4 mm Stegdoppelplatten.

Bauplan und Materialliste

Material für den Kasten

- 2 Dachlatten oder Kanthölzer, 60 cm lang
- 2 Dachlatten oder Kanthölzer, 40 cm lang
- 6 Glattkantbretter, 100 cm lang, Stärke mindestens 2 cm
- Eckpfosten mit doppelter Funktion, als Eckverbindung und Bodenanker

Material für den Deckel/Fenster

- 2 Dachlatten oder Rahmenholz, 98 cm lang, Stärke mindestens 3 cm
- 2 Dachlatten oder Rahmenholz, 102,5 cm lang, Stärke angepasst
- 4 Winkel
- 2 Scharnierbänder, besser aber Fitschen-Scharniere, um das Fenster leicht abnehmen zu können
- Schrauben nach Brettstärke mit Senkkopf
- 1 Sturmhaken oder 1 automatischer Fensterheber
- 2 Leisten, 102,5 cm lang zur Befestigung der Folie
- 2 Leisten, 100,5 cm lang zur Befestigung der Folie
- Gitterfolie in entsprechender Größe des Frühbeets, UV-stabil (Gartenfolie)

Alle Maße an die Rahmenholz bzw. Dachlattenstärke anpassen

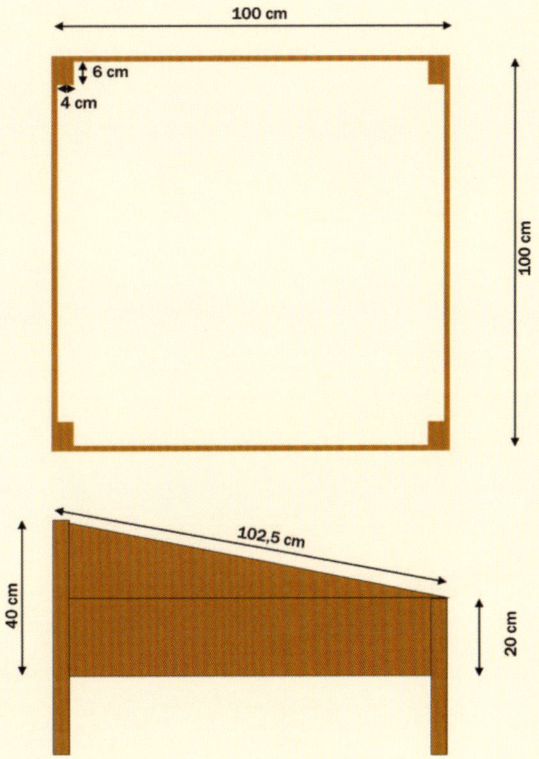

Bauplan für ein Frühbeet – alle Maße einfach an die Wunschgröße anpassen.

1
2
3
4
5
6

So wird's gebaut

Die einfachste Methode, zu einem Frühbeet zu kommen, ist der Eigenbau. Dabei sollte man eine Mindestgröße von 100 cm mal 100 cm unbedingt einhalten. Das beste Holz dazu ist unbehandelte FSC-zertifizierte Lärche. Andere Hölzer müssen mit Holzschutz, z. B. mit Öl, geschützt werden.

① Das Holz für das Frühbeet kommt aus dem Fachhandel oder vom Baumarkt. Im Baummarkt ist es dann eher Kiefer oder Tanne und wird meist kostenfrei zugeschnitten – bis auf die Diagonale für die Seitenflächen. Auch Zubehör wie Schrauben kann man dort erhalten. UV-stabile Gitterfolie gibt es im Gartenfachhandel. Notwendige Werkzeuge sind: Akku-Bohr-Schrauber, Tacker, Säge (Japansäge und Handkreissäge), Zollstock und Bleistift. Materialliste, siehe S. 31.

② Aus einem Brett werden die schrägen Teile der Seitenwände diagonal geschnitten, daraus ergeben sich zwei gleiche Teile. Mit einer Handkreisäge ist es sicher nicht schwierig, wobei genau gearbeitet werden muss, damit die Fenster später gut aufliegen. Muss die Trennung per Hand erfolgen, sollte ein scharfer Fuchsschwanz genügen. Dieser Arbeitsschritt ist eigentlich der schwierigste Teil.

③ Zuerst wird das hintere Teilstück montiert. Hinten sind zwei Bretter notwendig. Falls erforderlich, sollten diese noch mit Schleifpapier an den Kanten geglättet werden. Die beiden seitlichen Kanthölzer (60 cm) auslegen, Bretter nacheinander einpassen, unbedingt vorbohren, anpassen und anschrauben. Schraubenlänge und -stärke (Senk- oder Linsenkopf) ist von der Brettstärke abhängig, unser Beispiel ist 4,5 mm mal 50 mm.

④ Beim Vorderteil wird genauso verfahren, jetzt wird natürlich nur ein Brett befestigt. Da die im Fach- oder Baumarkt zugeschnittenen Bretter immer winklig sind, kann man bei passgenauem Anlegen eigentlich nichts falsch machen. Für jedes Brett genügen 2 Schrauben, damit ist ein Verrutschen ausgeschlossen. Zusätzlich ist es natürlich möglich, Holzleim (Kaltkleber) zu verwenden.

⑤ Die Bretter im Handel werden als »Schnittholz« bezeichnet, weil sie saubere Schnittkanten haben. Für unser Beispiel wurden Glattkantbretter gehobelt und gefast verwendet. Das bedeutet, dass nach dem Hobeln der Seitenflächen die Kanten ebenfalls, unter einem Winkel von 45°, gehobelt wurden. Die entstandene schräge Fläche nennt man Fase. Natürlich kann man das Frühbeet auch aus sägerauen Dielenbrettern (4 cm) fertigen.

⑥ Die Dachlatten oder Kanthölzer können natürlich in ihrer Länge wunschgemäß eingekürzt werden. Sie geben dem Frühbeet zusätzlich Halt. Da aber das Eigengewicht des fertigen Frühbeetes letztlich recht hoch ist, kann man, außer in sehr windgefährdeten Lagen, darauf verzichten. Vor allem wenn geplant ist, den Kasten als Wanderkasten zu verwenden, muss man nicht immer neue Löcher für die Füße in den Beeten graben.

(7) Nachdem nun Vorder- und Rückseite vormontiert wurden, werden die Seitenteile angebracht. Man kann das sicher allein schaffen, aber zu zweit geht es einfach leichter. Ist dann eine Seite erst einmal festgeschraubt, kann nichts mehr passieren. Trotzdem, das Frühbeet darf nicht aus dem Winkel geraten, sonst passt später das Fenster nicht. Bei der zweiten Seite wird der Kasten auf den Boden gelegt, also mit den Füßen nach oben.

(8) Zum Befestigen der am Anfang diagonal aufgetrennten Bretter wird das Frühbeet auf die Seite gelegt. Die Bretter müssen natürlich wieder vorgebohrt werden, was an der spitzen Seite besonders wichtig ist. Zuerst wird die breitere Seite wie üblich mit zwei Schrauben befestigt. Die Spitze wird dann von oben geschraubt und verleimt, da seitlich kein Platz ist. An dieser Stelle reichen dünnere Schrauben (3,5 mm × 30 mm). Hier Schrauben mit Senkkopf wählen. Nun ist das Unterteil des Frühbeetes fast fertig.

(9) Man kann die Löcher für die Schrauben auch vorbohren und »absenken«, d. h. für eine 3,5 mm starke Schraube werden die Löcher mit einem 5 mm starken Bohrer vorgebohrt, damit die Schraubenköpfe plan mit dem Holz abschließen. Das Seitenteil, das von oben geschraubt wird, muss sehr vorsichtig und nicht unmittelbar an der Spitze verschraubt werden.

(10) Die Dachlatten oder Kanthölzer am oberen Teil des Frühbeetes müssen nun noch individuell angepasst werden, da sie überstehen, was später den Rahmen des Fensters behindern würde. Gerade wenn man einen automatischen Fensterheber wählt, muss das Fenster passgenau aufliegen. Wenn es aus dem Winkel gerät, verkantet das Fenster durch den Druck beim Öffnen und eine sichere Funktion ist nicht mehr gewährleistet. Das kann im Gebrauch unangenehme Folgen haben. Pflanzen können durch zu viel Hitze Schaden nehmen.

(11) Um die Schräge dem Fenster anzupassen, sollte man eine sogenannte Japansäge (Japanische Säge) wählen. Das ist eine Handsäge, vergleichbar der bei uns üblichen Feinsäge oder dem Fuchsschwanz. Im Gegensatz zu diesen Sägen arbeitet aber eine Japansäge ausschließlich auf Zug, was sehr feine Schnitte ermöglicht, noch dazu wenn man schräg ansetzen muss, wie das beim Frühbeet der Fall ist. So eine Säge anzuschaffen, lohnt in jedem Fall, da sie auch im Garten, etwa beim Baumschnitt, für besonders glatte Schnitte sorgt und vielseitig einsetzbar ist.

(12) Der Rahmen für das Fenster lässt sich direkt auf dem Frühbeet montieren. Die dafür benötigten und bereits zugeschnittenen Dachlatten oder Rahmenhölzer sollten möglichst astfrei und plan sein. Beim Zusammenbau lassen sich am einfachsten galvanisierte, gelb verzinkte sogenannte Stuhl- oder Balkenwinkel verwenden. Auch Winkelverbinder nur verzinkt sind denkbar. Die Größe wird an das Holz angepasst. Im Beispiel sind es 90 mm mal 90 mm. Der Rahmen muss einiges aushalten, im Zweifel darum lieber stärkere Winkel verwenden.

7

8

9

10

11

12

13

14

15

16

17

18

⑬ Nachdem der Rahmen montiert wurde, wird die Folie zugeschnitten. Gitterfolien gibt es in unterschiedlichen Stärken. Die richtigen Gitterfolien werden speziell für Gewächshäuser oder Tomatenhäuser und eben für Frühbeete angeboten. Sie müssen hoch UV-beständig, sehr lichtdurchlässig und extrem reißfest sein. Einige haben an den Seitenrändern einen speziellen Nagelrand. Dieser erleichtert das Befestigen der Gitterfolie. Dazu muss allerdings die Größe passen. Meist werden Folien mit 1,50 m Breite angeboten.

⑭ Die Folie wird grob zugeschnitten und über den Rahmen gelegt, am Außenrand wird sie an einer Seite »fest getackert«. Das richtige Gerät heißt nämlich »Tacker«, für Folien genügt ein Handtacker. Dieser treibt durch eine vorgespannte Feder eine Klammer durch die Folie in das Holz. Bei hochwertigen Geräten ist das eine Blattfeder, damit die höchste Beschleunigung (= größte Schlagkraft) gewährleistet ist. Es gibt auch Elektro- und Drucklufttacker. Wichtig ist, dass man genügend Klammern verwendet, damit wirklich straff gespannt werden kann.

⑮ Nachdem die eine Seite befestigt wurde, wird überstehende Folie abgeschnitten. Es verbleibt nur so viel Folie, damit genügend Halt für die nachfolgende Deckleiste gegeben ist. Jetzt kommt es darauf an, die Folie straff über den Rahmen zu ziehen und die letzten Seiten anzutackern. Nur eine wirklich gut gespannte Folie verhindert, dass sich Wassersäcke und Einbuchtungen durch Schnee bilden und letztendlich die Folie schädigen. Das Gefälle zwischen Vorder- und Rückseite alleine kann das nicht verhindern.

⑯ Zu den Feinarbeiten gehört es jetzt, die Seiten der Folie einzuschlagen und möglichst klein zu falten. Dazu die Folie einfach umlegen oder zuvor keilförmig einschneiden. Nach oben muss die Folie den Rahmen aber vollständig abdecken. Wenn nicht mit Folie, sondern mit einer Hohlkammerplatte (ab 4 mm) gearbeitet wird, ist diese oben mit einem geschlossenen und unten mit einem durchlässigen Klebestreifen, einem Anti-Dust-Band, zu verschließen. Das verhindert Schmutz in den Platten.

⑰ Die kleineren Deckleisten werden außen angeschraubt. Sie halten die Folie wirklich straff, dabei müssen sie nicht bündig am Rahmen anliegen, so kann Wasser seitlich ungehindert abfließen. Bei einer Platte ist der Rahmen natürlich handwerklich anspruchsvoller. Die Platte wird in einen nach unten offenen Rahmen eingeschoben. Dazu muss eine Nute in den Rahmen gefräst werden. Zum Fräsen benötigt man ein entsprechendes Werkzeug.

⑱ Zum Schluss wird der fertige Fensterrahmen am Kasten befestigt. Die Scharnierbänder (Stangenscharniere) oder Fitschen-Scharniere werden am Rahmen fixiert. Das sollte vor dem Anbringen der Deckleisten geschehen, damit das Fenster bündig zum Rahmen angebracht werden kann. Schraubbare Fitschen-Scharniere ermöglichen später das einfache Entfernen des Fensters vom Frühbeet. So lässt sich besser im Frühbeet arbeiten.

(19) Gut erkennbar ist auf dem Bild das Scharnierband (Stangenscharnier) am Rahmen des Fensters. Es ist später fest mit dem Frühbeetkasten verbunden. Oben die bessere Variante, Fitschen-Scharniere, die durch seitliches Verschieben das Fenster vom Frühbeet trennt.

(20) Zuletzt der Anstrich mit einer ölhaltigen Farbe oder einem pflanzenverträglichen Holzschutzmittel. Ungewöhnlich ist ein Rezept von 1875. Darin wird als Schutzanstrich eine Mischung aus Magermilch (heute fettarme Milch mit 0,3 %) und Zement genannt. Beides wird zu einer sämigen Masse (nicht zu dünn) verrührt und ständig, auch beim Streichen, aufgerührt. Damit wird das Holz gestrichen.

(21) Innen im Frühbeet wird entweder auch die Zementmischung genutzt oder ein Öl- oder Wachsanstrich vorgenommen. Nach außen sollte man sich aber Farbe gönnen. Denn auch das Frühbeet kann wie ein Gartenhaus farbig sein. Nicht nur die Farben der Blüten und Blätter bestimmen den Gesamteindruck des Gartens, sondern auch die aller Gebäude, und dazu zählt letztlich doch auch das Frühbeet.

(22) Ist alles abgetrocknet, kann das Gärtnern beginnen. Der richtige Standort für das Frühbeet sollte so hell wie möglich gewählt werden. Es muss aber auch gut erreichbar sein, denn das Lüften, Gießen und die Kontrolle sind bei jedem Wetter notwendig. Auch an einen Windschutz muss gedacht werden.

20

21

22

Frühbeetgärtnern – Monat für Monat

Februar

Das Gartenjahr im Frühbeet könnte eigentlich Anfang Februar beginnen, nur – es fehlt an Wärme. Mit einer Wärmequelle und einer guten Isolierung (Styrodur an den Innenwänden und eine dicke Laubschicht außen um den Kasten) kann man im Februar bereits mit dem Anbau im Frühbeet beginnen. Einige Gemüsearten können bereits direkt ausgesät werden, andere verfrüht man durch die Vorkultur im Zimmer.

Gemüse des Monats: Puffbohne

Puffbohne *(Vicia faba)*, Pferdebohne, Dicke Bohne, Saubohne, alles regionale Bezeichnungen für eine einstmals wichtige Pflanze. Vor der Einführung der Kartoffel soll die Puffbohne auch bei uns das wichtigste Gemüse gewesen sein. Ursprünglich aus Asien stammend hat sie sich weltweit verbreitet. Dass junge Puffbohnen eine Delikatesse sind, entdecken gerade die Köche wieder.

Kultur: Es ist bekannt, das Puffbohnen zu den ersten Gemüsen im Garten zählen. Sie können schon ab Februar ins Freiland ausgesät werden. Noch sicherer aber ist die Vorkultur im Frühbeet. Dazu werden jeweils drei bis fünf Bohnen in einen 8-cm-Topf gelegt. Dabei wird der Topf zuerst 3/4 mit Erde befüllt, die Bohnen ausgelegt und mit 4 cm Erde aufgefüllt. Nach dem Auflaufen wird weiter Erde aufgefüllt, zuletzt bis zum Rand. An einem trüben Tag werden die Pflanzen ins Freiland gepflanzt und dabei gleich wieder angehäufelt. Der Anbau sollte möglichst auf tiefgründigem Boden und nicht nach anderen Leguminosen (Erbsen, Bohnen) erfolgen. Werden die Puffbohnen zu trocken gehalten, ist der Befall von Läusen wahrscheinlich; während der Blüte ist der Wasserbedarf am höchsten. Übrigens isst man nur die jungen, noch nicht ganz ausgereiften Samen. Diese enthalten Vitamin C und Eiweiß, aber auch Lysin, eine für den Menschen essenzielle Aminosäure.

Krankheiten und Schädlinge: Hauptschädling: Schwarze Bohnenblattlaus, Viren, Falscher Mehltau.

Sorten: 'Grootbohne', Regionalsorte aus Ostfriesland, spät, weißes Korn bräunt beim Kochen. 'Hangdown', alte Sorte, schwarz,

Puffbohnen werden im Topf vorgezogen. Beim Auspflanzen sind sie schon abgehärtet.

gefleckte Blüte, hängende Hülsen und grünes Korn. 'Dreifach Weiße', blüht weiß, keimt auch so und hat ebenfalls ein weißes Korn. Sehr frühe Sorte mit gutem Ertrag, halbhoch bis hoch.

Jetzt aussäen

- Puffbohnen
- Gartenkresse
- Rübstiel
- Radieschen, Rettich
- Spinat
- Möhren (wenn man viel Platz hat)

Jetzt pflanzen/treiben:

- Kopfsalat
- Rhabarber

Jetzt ernten

- Feldsalat

Frühbeetpraxis

Vorkultur und Direktsaat

Für alle Gemüsearten im Frühbeet gilt: Durch eine zeitige Direktsaat (eben früher als im Freiland) kann man im Frühbeet auch früher ernten. Man verwendet Pflanzen mit kurzer Entwicklungszeit wie Radieschen, Spinat, Stielmus oder Rettich. Man kann fast alle Pflanzen vorkultivieren; entweder direkt in Multiplatten oder Aussaatschalen und pikiert anschließend. Die Jungpflanzen können im Frühbeet kultiviert oder besser in den Garten gepflanzt werden. Dadurch kann der frei gewordenen Platz im Frühbeet wieder für neue Gemüsearten genutzt werden.

Wenn im Frühbeet die ersten Kulturen schon ausgepflanzt sind – wie hier früher Kohlrabi mit Strohmulch – bleibt noch genügend Platz für Anzuchten in Schalen und Kästen.

Vorkultur im Zimmer

Die wohl wichtigste Kultur im Frühbeet ist Salat. Salat als Sammelbegriff für die Vielfalt der Sorten. Mit der richtigen Auswahl, vor allem aber der richtigen Menge, kann man seinen täglichen Salatbedarf bis zum späten Herbst decken. Salat benötigt nicht viel Wärme zur Keimung, aber möglichst viel Licht. Um Jungpflanzen für die Kultur ab März im Frühbeet oder unter Vlies im Freiland zu erhalten, muss man Anfang Februar im Zimmer aussäen. Will man Salat aber schon im Februar ins Frühbeet pflanzen, muss man die Jungpflanzen beim Gärtner erwerben. Es sind dann meist »frühe Treibsorten«, (Kopf- und Eissalat). Eigene Aussaaten im Januar oder früher funktionieren nicht, weil das Licht (ohne Pflanzenleuchte) im Zimmer zwar für die Keimung, nicht aber für die Anzucht der Jungpflanzen reicht. Die Pflanzen »vergeilen«, wie der Gärtner sagt, werden weich und anfällig für Krankheiten.

TIPP

Verwenden Sie Sorten mit dem Zusatz »für das Gewächshaus geeignet«. Dabei handelt es sich in der Regel um »Profi-Sorten«, die gute Ertrags- und Qualitätseigenschaften sowie einen hohen Resistenzstandard haben.
Je nach Stärke dieser Widerstandskraft unterscheidet man die Begriffe: resistent (die Sorte ist immun gegen die entsprechenden Schaderreger), tolerant (die Sorte ist nicht vollständig immun, kommt aber ohne Einbußen mit dem Schädling oder der Krankheit zurecht) und widerstandsfähig (die Sorte besitzt keine genetische Resistenz oder Toleranz gegenüber Krankheiten und Schädlingen ist aber im Vergleich mit anderen Sorten robuster).

Bei der Vorkultur im Zimmer ist es wichtig, die richtige Anzuchttemperatur einzuhalten. Diese praktischen Schalen mit drei Einheiten werden durch eine Heizmatte erwärmt und sind belüftbar.

März

Durch zunehmendes Licht und steigende Temperaturen im März sind im unbeheizten Gewächshaus bereits viele Aussaaten möglich. An manchen Tagen erwärmt es sich bereits so stark, dass im Frühbeet gelüftet werden muss. Doch wäre es falsch, wärmebedürftige Pflanzen wie Tomaten und Zucchini jetzt schon ins Frühbeet zu bringen. Auch für die Vorkultur im Zimmer ist es für viele Gemüsearten noch zu früh. Die Bedingungen reichen zwar für die Keimung aus, sie würden aber in der Zeit bis zum Auspflanzen vergeilen und anfällig für Krankheiten werden.

Gemüse des Monats: Kopfsalat – der Salat mit Kopf

Der Kopf bei Salaten entsteht durch einen gestauchten Spross. In der Zucht entstanden aus dem Gartensalat zwei Arten, der Buttersalat und der Eis- oder Krachsalat. Buttersalat hat eher weiche Blätter, der Eissalat relativ feste. Nicht ganz weich, aber auch nicht fest ist die Kreuzung aus beiden: der Bataviasalat. Die Blätter sind meist gefiedert, von zart grün bis rotbraun.

Kultur: Ausgesät wird alle zwei bis drei Wochen, ca. 20 Pflanzen pro Person. Dann kann man vom ersten Anbau im Frühbeet bis in den Herbst Salat ernten. Man sollte die Samen einzeln in Multitopfplatten säen, dann muss man nicht pikieren. Die Keimdauer beträgt je nach Sorte und Temperatur vier bis 30 Tage. Wenn vier bis fünf Blätter des Salats ausgebildet sind, wird abgehärtet und anschließend an einem trüben Tag im Abstand von 25 mal 25 cm ins Freiland gepflanzt und gegebenenfalls mit Vlies abgedeckt. Der Salat darf niemals zu tief gepflanzt werden. Ist die Nährstoffversorgung sichergestellt, kann Salat wieder an die gleiche Stelle wie im Vorjahr gepflanzt werden. Ideal ist ein niedrig dosierter Flüssigdünger, der nicht über die Blätter gegossen wird. Da Salat salzempfindlich ist, kann es mit Mineraldüngern zu Verbrennungen kommen. Bei Folienkultur wird die Folie vor der Kopfbildung entfernt. Mit dem Ernten beginnt man schon, bevor die Köpfe

Salat wird laufend in Multiplatten angezogen. Wo Platz ist, kann sofort nachgepflanzt werden.

ganz fest sind. Erst die letzten Köpfe sind fest. Dann ist bereits der nächste Satz bereit zum Ernten.

Krankheiten und Schädlinge: Salatfäule (vermeiden durch Lüftung), Blattläuse (sortenabhängig, Bekämpfung mit biologischen Mitteln).

Sorten: Es gibt über 100 Sorten bei Salat, und deren Sorteneigenschaften weichen erheblich voneinander ab, ob schoßfest, hitzeverträglich oder resistent gegen Salatblattlaus und/oder gegen Mehltau. Es gibt Sorten für den Früh-/Treibanbau, Sorten für Frühjahr, Sommer, Herbst und Winter.

Zur Vereinfachung wählen Sie Sorten für den Ganzjahresanbau: 'Estelle': schossfest, salatblattlausfest, mehltauresistent. 'Fiorella': widerstandsfähig gegen Salatblattlaus, resistent gegen Mehltau und salatmosaikvirustolerant.

Jetzt aussäen

- Salat
- Radieschen, Rettich
- Neuseeländer Spinat
- Kohlrabi, Blumenkohl und Brokkoli
- Porree (Lauch)
- Erbsen als Vorkultur
- Zuckermais als Vorkultur

Jetzt pflanzen:

- Rettich
- Porree (Lauch)

Aussaat, so wird es gemacht

Erbsen, als Vorkultur

Verschiedene Arten von Erbsen sind auf dem Markt zu finden. Neben den häufig angebauten süßlichen Markerbsen, gibt es Palerbsen (Pahl- oder Schalenerbsen) sowie Zuckererbsen, die als ganze Hülsen mit unentwickelten Körnern verzehrt werden. Im Beet haben kleine Pflanzen viele Feinde, neben den Schnecken sind sie auch für Vögel ein Leckerbissen. Deshalb zieht man sie wie Bohnen im Topf im Frühbeet vor. Hülsenfrüchte entwickeln zuerst eine lange Wurzel, daher tiefe Töpfe wählen. Nicht nur dass man so fertige Pflanzen aufs Beet bringt, auch die Kulturzeit wird um eine Woche verkürzt. Oder man wählt die Vorkultur in einer nicht zu flachen Kiste. Hier werden die Erbsen wie im Freiland, aber dicht an dicht gelegt. Wenn sie später ins Freiland kommen, werden sie immer büschelweise gesetzt, zuvor Wurzel und Trieb etwas einkürzen. Gegenüber dem Freiland kann man ca. 14 Tage früher ernten.

Porree selbst säen oder kaufen

Auch von Porree werden zeitig Jungpflanzen im Handel angeboten, die man direkt ins Beet setzen kann. Wer selbst für den Sommeranbau aussäen möchte, muss jetzt beginnen. Bei einer Keimtemperatur von mindestens 16 °C entscheiden Sie sich am besten für die Einzelkornsaat in Multitopfplatten (mindestens 6 cm tief). Die Aussaaterde wird 5 cm hoch eingefüllt, dann kommen die Samen, darüber eine 1 cm dicke Abdeckung. Wenn die Pflanzen bleistiftdick sind, können sie ausgepflanzt werden. Die Sommersorten kommen ab April ins Beet. Herbstsorten folgen in der Zeit von Mai bis etwa

Mitte Juni; ab Juli bis Mitte August werden Wintersorten gepflanzt.

Porree wird in Pflanzlöcher oder kleine Gräben in humusreichen Boden gepflanzt. Für die erste Variante werden Löcher mit einem Pflanzholz oder einem Handspaten ca. 10 cm tief gesetzt. Der ideale Abstand in der Reihe ist 15 cm. Die kleinen Lauchpflanzen werden tief gepflanzt. Die Löcher bleiben zunächst offen und werden zum Angießen genutzt. Erst nach einigen Tagen mit Erde anfüllen, später anhäufeln. Die andere Möglichkeit: Heben Sie einen etwa zehn bis 20 cm tiefen Graben aus und lassen den Aushub daneben liegen. Auch hier tief pflanzen und wässern. Den Graben dann nach und nach auffüllen. Später entsteht ein Hügel, damit die Stangen gebleicht werden.

Rettich ohne und mit Vorkultur

Frühe Rettichsorten wie 'Neckarruhm' oder 'Hilds roter Neckarruhm', ein eher kleiner Rettich mit der Form einer spitzen Möhre und leuchtendroter Haut, sät man am besten direkt ins Frühbeet. Unabhängig davon, ob direkt ausgesät oder gepflanzt wird, sollte der Boden zuvor gut und tief gelockert werden. Dann wird auf 15 cm mal 15 cm verzogen. Natürlich ist Vorkultur möglich, am besten dann in der Saatschale. Nach dem Auflaufen direkt in den Kasten, im entsprechenden Abstand pflanzen. Weitere Sorten: 'Rex', 'Münchner Treib'. Bei der

Beim Porree Wasser sparen, entweder durch eine Zwischenfrucht (z. B. Kresse) oder den Porree mulchen. Beides hält die Feuchtigkeit im Boden und unterdrückt gleichzeitig Unkräuter.

Pflanzung ist es wichtig, dass die langen Sämlinge senkrecht bis zu den Keimblättern in den Boden kommen. Gelangen sie krumm in den Boden, erhält man auch krumme Rettiche.

Radieschen für eine frühe Ernte

Es sind Senföle, die bei Radieschen für die Schärfe sorgen – das macht sie so beliebt. Neben den runden, roten Sorten, gibt es hellrote, violette, weiße und gelbe Sorten sowie länglich-ovale Formen, die Eiszapfen genannt werden. Man kann Radieschen bis in den Herbst im Frühbeet aussäen, dann aber immer besser ins Freiland pflanzen. Allerdings: Die erste Aussaat der Treib-, bzw. Frühsorten 'Jolly', 'Fakir', 'Cyros' F1, 'Knacker' und 'Saxa Treib' sollte besser im Frühbeet bleiben. Aussaat in Multitopfplatten oder in Saatschalen ist möglich. Nicht zu tief, maximal 1 cm tief säen und nicht austrocken lassen. Das Radieschensaatgut kann man 24 Stunden auf feuchtem Löschpapier abgedeckt bei 20 °C vorquellen lassen. Nach wenigen Tagen erfolgt die Keimung; die Jungpflanzen werden dann bis zu den Keimblättern eingepflanzt.

Rettich einfach am Laub aus der Erde ziehen. Zuvor mit der Grabegabel den Boden lockern.

Radieschen sind anpassungsfähig, allerdings, bei zu viel Wärme bilden sie keine Knollen, sondern gehen stark ins Kraut und entwickeln nur lang gezogene Wurzeln. Daher lieber ab April ins Freiland bei einem Pflanzabstand von 5 cm mal 8 cm setzen. Man kann sie zwischen Salat oder Möhren pflanzen, eigentlich überall dort, wo in den nächsten vier bis fünf Wochen Platz ist, denn so lange benötigen sie bis zur Ernte. Noch ein Hinweis: Radieschen dürfen, falls im Frühbeet flüssig gedüngt wird, möglichst nichts abbekommen, da sie empfindlich auf Salze reagieren, z. B. mit Krüppelwuchs.

Neuseeländer Spinat

Neuseeländer Spinat sollte nicht vor Ende März ausgesät werden. Hat er die lange Keimzeit von 25 Tagen und die Jungpflanzenphase gut überstanden, gilt er als unkompliziert. Botanisch hat er mit Spinat nichts zu tun. Lediglich der Geschmack ist ähnlich, aber würziger. Wie Spinat enthält er Oxalsäure. Nur junge Triebe eignen sich zum Rohverzehr, sonst muss er gekocht werden. Da er im lichtreichen Sommer geerntet wird, gibt es keine Probleme mit Nitrat.

Die recht großen Samen werden in Multiplatten, einzeln gesät oder zwei bis drei Körner in

8-cm-Töpfe. Gute Erfolge hat man, wenn man die Saat 24 Stunden vorquellen lässt. Dafür hat sich ein Schachtelhalmtee bewährt. Jungpflanzen über den 15. Mai hinaus im Frühbeet lassen. Wegen des hohen Nährstoffbedarfs sollte der Platz im Garten mit Kompost angereichert sein, und es muss zusätzlich mit Stickstoff (Hornmehl) gedüngt werden. Die zunächst langsame Entwicklung lässt nicht vermuten, dass eine ausgewachsene Pflanze einen Quadratmeter Platz benötigt. Folglich kann dieser nur im Garten kultiviert werden. Auf Läuse achten, die sich gern in den etwas samtigen Blättern einfinden. Ansonsten hält man das Beet frei von Unkraut und wässert regelmäßig bei Trockenheit. Eine Pflanze reicht aus, um eine Person alle ein bis zwei Wochen, mit Spinat zu versorgen. Sorten sind bei uns nicht im Handel. Alle werden einfach als Neuseeländer Spinat *(Tetragonia tetragonioides)* gehandelt.

Kohlrabi ein »deutschsprachiges« Gemüse

Das Wort Kohlrabi leitet sich aus Kohl und Rübe (lat. *rapa*) ab. Der Name wurde auch in andere Sprachen übernommen. Kohlrabi ist das erste frische Kochgemüse im Jahr. Zugekaufte Pflanzen für den ersten Anbau im Frühbeet sind ratsam. Kohlrabi verträgt zwar niedrige Temperaturen, als Jungpflanze benötigt er aber Wärme. Bei 5 °C bis 12 °C können sich sonst später lange Knollen (Flaschenbildung) oder Schosser bilden. Am sichersten sind Temperaturen von 20 °C, wobei niedrige Nachttemperaturen bis 2 °C nicht schaden. Ab Ende März kann man im Frühbeet seinen Kohlrabi selbst aussäen. Die Keimzeit beträgt je nach Temperatur (10 °C) 20 Tage bis (25 °C) etwa fünf Tage. Da die großen Körner mit dem Einzelsaatgerät gut auszusäen sind, kann man gleich in Multiplatten säen, sonst muss man pikieren. Die Weiterkultur im Garten unter Vlies und Folie, macht die Knollen weicher. Schädlinge wie bei allen Kohlarten.

Zuckermais in Vorkultur

Zuckermais gehört zu den Gräsern. Männliche und weibliche Blüten sitzen an einer Pflanze und werden durch Wind bestäubt. Die Pflanzen werden etwa 2 m hoch und können später als Windschutz und Bohnenstangen genutzt werden. Ausgesät wird im Zimmer oder im beheizten Frühbeet. Die Keimtemperatur sollte nicht unter 12 °C liegen, die Keimzeit beträgt dann ca. 20 Tage, bei 20 °C nur 14 Tage. Ausgesät wird in Multiplatten oder Einzeltöpfe mit 8 cm Durchmesser, je zwei Korn pro Topf. Die schwächere Pflanze wird später entfernt. Ab Mitte April werden die Jungpflanzen ins Frühbeet zur Abhärtung gebracht. Hier kann schon flüssig gedüngt werden, da Mais sehr anspruchsvoll in der Nährstoffversorgung ist. Bei einer Boden-

Sä-Hilfe zur Verteilung der Samenkörner. Fünf Löcher für unterschiedliche Samengrößen.

TIPP

Multitopfplatten

Für die Anzucht der Gemüsejungpflanzen eigenen sich Multitopfplatten (Anzuchtpaletten, Topfplatten, Multitöpfe) aus dem Erwerbsanbau besonders gut. Um den Platz im Frühbeet optimal auszunutzen, sollten Sie Platten in verschiedenen Größen erwerben. Sind es bei den Profigrößen zu viele Einzeltöpfe pro Platte, können Sie diese individuell zuschneiden.

temperatur von 10 °C wird ins Freie gepflanzt. Geeignet für den Anbau und auch in Kleinstmengen erhältlich sind frühe bis mittelfrühe Sorten. Die Sorten 'Early Extra Sweet', 'Tasty Sweet', 'Starlite' und 'Tasty Gold' sind besonders süß.

Tomaten, Paprika & Co., Aussaat in Vorkultur

Steht ein beheiztes Frühbeet zur Verfügung, lassen sich dort weitere Gemüsearten aussäen. Ansonsten säen Sie ab Mitte des Monats an einem möglichst hellen Platz im Zimmer aus. Interessant sind auch beheizte Anzuchtbeete, die an der Fensterbank für die Aussaat von Tomaten, Paprika, Auberginen und Andenbeeren genutzt werden können. Diese Arten haben eine relativ lange Keimzeit und müssen meist noch einmal pikiert werden, bevor sie dann ab Mitte April – wenn es die Witterung zulässt – ins Frühbeet gebracht werden.

Frühbeetpraxis

Richtig Lüften

Bereits ab März erwärmt sich das Frühbeet an manchen Tagen so stark, dass gelüftet werden muss, entweder mit einem automatischen Fensteröffner oder per Hand durch laufende Kontrolle. Nach dem Aussäen oder -pflanzen bleiben die Fenster im Frühbeet für drei Tage geschlossen, damit möglichst feuchtwarme, »gespannte« Luft entsteht und so das Anwachsen gefördert wird. Verbrennungen sind noch nicht zu befürchten. Es wird aber immer schon relativ früh am Nachmittag, auch an sonnigen Tagen, wieder abgelüftet, damit die Wärme im

Frühbeet bleibt. Als Heizung hat sich die Beta Solarheizung bewährt. Gegossen wird nur vormittags oder mittags, auf keinen Fall gegen Abend, andernfalls würden die Pflanzen die ganze Nacht hindurch nass bleiben und Pilzkrankheiten gefördert.

Puffbohnen ins Freiland pflanzen

Die im Vormonat vorgezogenen »Dicken Bohnen« kommen nun an einen frostfreien, nicht zu sonnigen Tag ins Freiland. Bei Töpfen mit drei Bohnen beträgt der Abstand zwischen den Pflanzen ca. 12 cm , die Reihen sollten mindestens 20 cm voneinander entfernt sein. Nach dem Pflanzen wird angegossen; die späteren Wassergaben sind anhängig von der Winterfeuchtigkeit, die noch im Boden enthalten ist; Staunässe auf jeden Fall vermeiden. Sind die Pflanzen 20 cm hoch, wird angehäufelt. Mulchen lohnt, hält Unkraut fern und die Erde feucht. Dünger ist nicht notwendig. Nach dem siebten Blütenstand entspitzen, das fördert das Wachstum. Hohe Sorten benötigen eine Stütze.

Zwischenkulturen im Frühbeet

Im Mai wird der Platz im Frühbeet selten ausreichen. Anzuchten der Gartenpflanzen, auch Sommerblumen, später noch die der wärmeliebenden Pflanzen wie Tomaten und Paprika, lassen wenig Raum. Bis dahin kann man Zwischen-, also Kurzkulturen anlegen. Neben Kresse, Radies können Schnittsalate ausgesät werden. Dazu eignen sich alle Salatarten, auch Kopfsalat, vor allem aber die sogenannten Asia-Salate (Kulturbeschreibung siehe Juli).

Asia-Salate gibt es in unterschiedlichen Blattformen und Blattfarben. Genutzt werden die jungen Blätter, die wegen der enthaltenen Senföle würzig schmecken – entweder roh als Salat oder gekocht essen.

April

Das Wetter im April bringt kurze Schauer, kräftigen Wind und wenige wolkenfreie Tage, Schnee ist noch möglich. »Der April macht eben, was er will.« Der schnelle Wetterwechsel erfordert die Anpassung bei der Kultur im Frühbeet. Gut wenn man einen automatischen Fensteröffner hat und nachts noch zusätzlich abdeckt. Alle Kulturen, die jetzt schon im Frühbeet sind, vertragen aber zeitweise Kälte.

Gemüse des Monats: Tomaten oder Paradeiser

Die Tomate ist das meist verzehrte Fruchtgemüse in Deutschland. Und unter Hobbygärtnern wird sie auch am häufigsten von allen Fruchtgemüsen angebaut. Mit dem Frühbeet kann man die Pflanzen optimal vorbereiten, unabhängig davon, wie man die Pflanzen später kultivieren will, ob im Garten oder Gewächshaus.

Kultur: Kauft man nicht fertige Tomatenpflanzen zu, beginnt die Kultur mit der Aussaat im Zimmer. Ausgesät wird in einer Saatschale, die Samen werden mit ca. 0,3 bis 0,8 cm feiner, gesiebter Erde bedeckt. Bei einer Keimtemperatur zwischen 18 °C bis 24 °C beträgt die Keimdauer, abhängig von der Sorte, bis zu zwei Wochen. Nach der Ausbildung des ersten Blattpaares bzw. ein bis zwei Wochen nach dem Auflaufen der Saat wird pikiert. Die Pflanzen vor dem Pikieren nochmal kräftig wässern, Wurzeln nicht verletzen, zu lange Wurzeln aber einkürzen und die Pflanzen vor direkter Sonne schützen. Ab Mitte April pflanzt man ins Frühbeet, Mitte Mai ins Folien- oder Gewächshaus und ab Ende Mai ins Freie an einen vollsonnigen Standort. Dabei gleich ausreichend stützen.

Tomaten sind Starkzehrer und benötigen zuerst viel Stickstoff, daher vor dem Auspflanzen flüssig düngen. Am Standort sollte ein humoser Boden auf die Tomaten warten. Die Pflanzen werden schräg eingepflanzt, dabei pflanzen Sie den Wurzelballen tiefer, als bisher im Topf, dadurch entstehen zusätzliche Wurzeln am Trieb. Tomaten haben einen hohen Wasserbedarf, sind aber empfindlich gegen Staunässe.

Bei Tomaten unterscheidet man zwei Wuchstypen. Die meisten sind Stabtomaten und wachsen mehr oder weniger unbegrenzt. Aus den Blattachseln entstehen Seitentriebe, die ihrerseits wiederum Triebe bilden. Diese Seitentriebe müssen ausgebrochen werden, man spricht von »ausgeizen«. Diese Tomatensorten müssen gestäbt und regelmäßig nachgebunden werden. Der andere Wuchstyp sind die Buschtomaten. Sie müssen seltener ausgegeizt werden, weil sie nach der vierten oder fünften Blütentraube das Wachstum beenden. Trotzdem müssen auch sie gestützt werden. Meist reifen die Früchte eines Blütenstandes gleichzeitig. Die Tomaten können dann als Traube geerntet werden.

Krankheiten und Schädlinge: Es gibt viele Krankheiten und Schädlinge, die bei Tomaten auftreten können. Wenn Sie Veränderungen bemerken, sollten Sie unbedingt nach der Ursache forschen und falls nötig neue Pflanzen beim Gärtner kaufen.

Hier soll die häufigste Tomatenkrankheit, die Braun- und Krautfäule, besprochen werden. Die Krankheit wird durch Pilzsporen verursacht und breitet sich meist nach kalten, feuchten Witterungsperioden vor allem an Freilandtomaten schnell aus. Durch das Ausgeizen wird die Durchlüftung der Pflanzen verbessert. Sie trocknen schneller ab, und man kann der gefürchteten Kraut- und Braunfäule entgegenwirken. Die Krankheit ist nicht leicht zu erkennen, zuerst sind es graugrüne, später braune Flecken. Einzelne Blätter sterben ganz ab. An den Blattstielen und am Stängel sind meist scharf abgegrenzte dunkelbraune Stellen. Die Früchte zeigen graugrüne bis braune, eingefallene Stellen.

Sorten: Im Gartencenter werden häufig Pflanzen angeboten, die schnell wachsen und bis zu einem gewissen Grad krankheitsresistent sind. Außerdem gibt es veredelte Tomaten. Dabei werden zwei Sorten »zusammengebracht«, also veredelt. Als Unterlage wird häufig eine Sorte verwendet, die viele Wurzeln entwickelt und/oder gegen verschiedene Krankheiten resistent ist. Darauf veredelt wird eine Sorte mit hohem Ertrag. Allerdings wird der Hobbygärtner die Sorten eher nach Geschmack und nicht nach Ertrag wählen.

Die Tomatensorten werden auch nach Anzahl der Kammern unterschieden. So haben Fleischtomaten bis zu fünf Kammern. Sie haben, wie der Name sagt, mehr Fleisch. An der Oberfläche sind sie leicht gerippt. Fleischtomaten bringen zwischen 100 g und 1000 g auf die Waage. Flachrunde Sorten haben noch drei bis vier Kammern, während die normal- oder rundfruchtigen Sorten zwei Kammern besitzen wie die vielfach angebotene Sorte 'Pannovy' F1. Hinzu kommen noch besondere Formen der Früchte, ovale (Roma-Typen), längliche (San-Marzano-Typen) oder birnenförmige Tomaten. Die kleinsten Tomaten sind die Kirsch- oder Cocktailtomaten wie die Wildtomate 'Rote Murmel'. Bedenken Sie bei der Wahl »Ihrer Sorte«, dass alte Sorten pflegeaufwendiger sind, jedoch geschmacklich überzeugen. Veredelte und resistente Sorten versprechen den höchsten Ertrag, aber nicht unbedingt den höchsten Genuss. Es ist die Vielfalt der Sorten, die Tomaten interessant machen.

Jetzt aussäen

- Radieschen
- Kresse
- Einjährige Kräuter, Schnittlauch
- Brunnenkresse
- Romanasalat und Pflücksalat
- Asia-Salate und Rucola
- Salatchrysantheme
- Tomaten
- Gurken
- Zucchini
- Erbsen, späte Sorten
- Sommerblumen

Jetzt pflanzen

- Sellerie
- Tomaten
- Andenbeere

Aussaat, so wird es gemacht

Asia-Salate und Rucola

Fast alle Sorten, die als Asia-Salate, »japanese greens« oder als Wilde Rauke im Handel angeboten werden, gehören zur Gattung der Kohlgewächse. Alle können sie in diesem Monat im Frühbeet ausgesät werden. Achten Sie auf Hinweise auf den Samentüten und verwenden Sie Sorten für den frühen Anbau. Es genügen Keimtemperaturen um 12 °C.

Bekannte Sorten: 'Mizuna', grün, mildwürziger Geschmack und dekorativ, 'Red Gigant', rotlaubig und scharfwürzig. Wilde Rauke (Rucola), kräftiger Geschmack und winterhart; die Sorte 'Runway' hat feinere Blätter und ist milder.

Salatchrysantheme

Bei der Salatchrysantheme *(Chrysanthemum coronarium*, Kronenwucherblume, Garland-Chrysantheme, Speisechrysantheme) werden in erster Linie die Blätter gegessen, wenn die Pflanze etwa 20 cm hoch ist. Auch die gelbe Blüte ist nutzbar, etwa als Tee mit Ingwer. Der Geschmack der Blätter ist »asiatisch« mild und doch auch irgendwie herb. Sie sind leicht fleischig und dadurch knackig. Bei hohen Temperaturen über 25 °C kommt es zur Blütenbildung, daher setzt man im Juni/Juli besser aus mit der Nachzucht. Im Frühbeet bei einer Keimtemperatur von 10 °C sät man einzeln in 3 bis 5 cm-Multitöpfe, siebt leicht mit Erde ab und hält die Saat feucht. Als Sorte werden bei uns häufig 'Chopsuey Greens' oder 'Shungiku Salat' ange-

'Mizuna', japanische Züchtung, stammt von kohlverwandten Arten wie dem Chinakohl ab.

Kapuzinerkresse 'Tip Top Scarlet'. Alle Teile sind essbar – kresseartig pikant und delikat.

boten. Mit der Entwicklung des fünften Blattes wird mit einem Abstand 20 cm mal 20 cm in den Garten gepflanzt.

Sommerblumen

Ein bunter Garten ist nicht nur schön anzusehen, sondern erhöht die natürliche Vielfalt. Nützliche Insekten werden angelockt oder andere abgeschreckt. Viele Blumen lassen sich unproblematisch im Frühbeet anziehen. Die Angaben zu Aussaat und Pflege sind allgemein gehalten. Sie können von den Daten auf der Aussaattüte abweichen. Die Züchterhinweise sind vorrangig.

Einjährige **Sommerastern:** Anfang des Monats in Saatschalen aussäen, früh in kleine Töpfe pikieren, (ein bis zwei Pflanzen pro Topf), später im Garten auspflanzen, nur resistente Sorten verwenden. **Mini-Dahlien**: Aussaat Anfang des Monats, später in kleine Töpfe pikieren, auspflanzen nicht vor Ende Mai. **Edelwicke:** Aussaat Mitte des Monats, jeweils fünf bis sechs Körner in einen 9-cm-Topf. Viel Frischluft geben. **Kapuzinerkresse**: Aussaat Mitte des Monats, jeweils zwei Samen in einen Topf. Die schwächere Pflanze wird entfernt. **Prunkwinde**: Aussaat Anfang bis Mitte des Monats, nach dem Auflaufen gleich in Töpfe pikieren. **Sommernelke**: Aussaat Anfang April in Schalen, dann in Multiplatten pikieren, abhärten und zeitnah auspflanzen. Ebenso verfährt man mit **Sommerphlox**, **Sonnenhut** und **Tagetes**. **Zinnien** werden ab Mitte des Monats ausgesät, nach voller Entwicklung der Keimblätter in Multiplatten pikiert und vor Schnecken geschützt.

Einfach lassen sich Tagetes, auch Studentenblume, Sammetblume, oder Türkische Nelke, heranziehen. Viele Arten sind neben der Blüte auch als Gewürz zu nutzen.

Wärmeliebende, einjährige Kräuter

Darunter fallen auch Kräuter, die bei uns als einjährige behandelt werden, weil sie bereits im ersten Jahr nach der Aussaat blühen und sich durch Samen vermehren lassen. Die echten einjährigen Kräuter sterben nach der Samenbildung ab, die anderen erfrieren. Hier eine Kräuterauswahl: Borretsch, Dill, Echte Kamille, Kapuzinerkresse, Kerbel, Koriander, Majoran und Ringelblume. Alle mit relativ großen Samen wie Kapuzinerkresse direkt in Multitöpfe, die anderen in flache Saatschalen aussäen. Feine Samen nur gering abdecken bzw. Hinweise auf der Samentüte beachten.

Radieschen und viele Sorten Kresse

Natürlich kann man jetzt Radies ins Freiland säen. Es besteht aber die Gefahr, dass sie unregelmäßig auflaufen. In Multiplatten oder Schalen passiert das nicht. Es macht natürlich Arbeit. Wer auf Hochbeeten kultiviert, dem wird die Pflanzung nicht viel Mühe machen. Im Beet ist es anstrengend, aber es lohnt sich. Setzt man die Pflanzen als Zwischenkultur zu den Möhren, sind sie bereits geerntet, wenn die Möhren reif sind. Jede Fläche, auch zwischen Salaten, ist nutzbar. Gartenkresse wird auch noch weiter im Frühbeet angezogen. Dazu kann man immer direkt aussäen oder Saatschalen verwenden. Richtig interessant ist auch die Brunnenkresse. Eigentlich wächst sie im Quellwasser und in Bächen. Das sollte aber nicht abschrecken, es zu probieren. Ausgesät wird in Schalen oder Töpfe, in einem 10-cm-Topf werden 50 Samen ausgesät, entsprechend mehr in der Schale. Nach der Keimung die Schalen oder Töpfe in

Koriander, auch als Arabische Petersilie bekannt – dieser Name erklärt die Verwendung.

Radieschen vorziehen und direkt ins Beet oder in Multiplatten pikieren – optimale Ernte.

TIPP

Aussaat

Bei der Aussaat beginnt alles mit der Erde. Sie entscheidet maßgeblich über den Erfolg der Keimung. Sie enthält weniger oder keine zusätzlichen Nährstoffe, damit die Sämlinge/Stecklinge kräftige Wurzeln ausbilden. Nährstoffe für die Keimung sind im Samenkorn ausreichend verfügbar. Wirklich gute Aussaaterde wird bei der Herstellung sterilisiert, um Pilzsporen und Krankheitserreger abzutöten. Unabhängig davon, ob die Erde mit oder Torf ist, muss sie gut durchlüftet sein und Feuchtigkeit speichern können.

weitere, wassergefüllte Schalen stellen. Nach fünf bis sechs Wochen ist die Kresse erntereif und zum Würzen für alle frischen Salate einfach köstlich.

Aussaat in der Vorkultur

Ende des Monats April kann man im warmen Frühbeet **Gurken** und Zucchini aussäen, doch nur wenn die nötige Keimtemperatur erreicht wird. Die Aussaat erfolgt einzeln in 6 cm große Multiplatten oder mit zwei Samen in 9-cm-Töpfe, wobei hier die schwächere Pflanze später entfernt wird. Wenn man nicht im Frühbeet aussäen kann, dann sät man Mitte des Monats im Zimmer; bei Lichtmangel lieber noch warten. Die schnell wachsenden Pflanzen holen die Zeit später ein. Die Mindestkeimtemperatur liegt bei 22 °C, besser 25 °C (bei 15 °C keimen nur 50 % der Sämlinge in 30 Tagen, bei 25 °C keimen 50 % schon nach zwei Tagen).

Die gleichen hohen Temperaturansprüche gelten auch für **Basilikum**. Daher lässt man ihn wenn möglich ganzjährig im Frühbeet. Dann kann man bis zum Frost abernten, auch wenn es einen kühlen Sommer gibt. Basilikum sät man entweder in flache Schalen und pikiert dann direkt in Töpfe oder sät gleich in diese aus. Die Keimdauer ist relativ kurz. Den Topf zunächst nur halb mit Substrat auffüllen, die Samen aussäen, das Korn in Samenstärke abdecken und später Erde bis zum Rand auffüllen. So bilden sich aus den Trieben weitere Wurzeln aus. Mit ausreichend Wärme, etwas Pflege und flüssiger Düngung gelingt die Kultur. Wenn viel geerntet werden soll, muss auch gedüngt werden. Dafür werden spezielle organische Kräuterdünger angeboten.

Schnittlauch säen für die Treiberei

Schnittlauch gehört zu Recht zu den beliebtesten Kräutern in der Küche und kann – fast ganzjährig – zur Verfügung stehen, wenn man ihn im Frühbeet treibt. Um im Winter frischen Schnittlauch zu ernten, muss man jetzt im April aussäen. Schnittlauchsaatgut ist nur im ersten Jahr gut keimfähig, daher sollten Sie auf frisches Saatgut achten. Ausgesät wird in flache Schalen, die Keimlinge müssen bis zum Auflaufen gut feucht gehalten werden. Später in Töpfe oder büschelweise im Abstand von 25 cm mal 25 cm auspflanzen. Die Büschel wachsen bis zum Herbst zu recht ansehnlichen Pflanzen heran. Zum Treiben im Winter sind sie jedoch noch nicht geeignet. Erst ein Jahr später sind sie dann ausgereift.

Abhärten und pflanzen, so wird es gemacht

Tomaten ins Frühbeet

Die im Zimmer vorgezogenen Tomaten und Andenbeeren kommen Mitte des Monats ins Frühbeet. Je nach Entwicklung werden sie noch einmal umgetopft und das erste Mal mit einem Stab gestützt. Egal ob die Tomaten später in ein Folienzelt, ein Gewächshaus, unter Glas oder ins Freiland kommen, hier im Frühbeet werden sie durch die gute Belüftung abgehärtet. Am wichtigsten ist diese Abhärtung aber für die Freilandtomaten.

Tomaten im Frühbeet anziehen, Ende Mai aber in ein Gewächs- oder Folienhaus pflanzen.

Sellerie pflanzen

Im April werden Selleriepflanzen (Knollensellerie) angeboten. Ist der Bedarf nicht zu groß, sollte man Jungpflanzen kaufen. Die erworbenen Pflanzen aber zuerst noch im Frühbeet unterbringen. Hier können sie sich entwickeln, ehe sie Ende Mai »halbstark« ins Freiland kommen.

Zierpflanzen im Frühbeet

Wenn das Frühbeet nicht zu niedrig geraten ist, kann es jetzt auch dazu genutzt werden, im Haus oder im Keller überwinterte Pflanzen wie Balkongeranien, Fuchsien oder Wandelröschen wieder auf den Sommeraufenthalt im Garten vorzubereiten. Auch Canna, Dahlien oder Knollenbegonien, die dunkel gelagert wurden, können Mitte April im Frühbeet vorgetrieben wurden. Pflanzen, die mit Blättern überwintert wurden, werden zurückgeschnitten, umgetopft und nach Schädlingen untersucht und gesunde Pflanzen ins Frühbeet gebracht. Sie werden zunächst nur mäßig feucht gehalten und noch mit Vlies abgedeckt, um sie langsam an das Licht zu gewöhnen. So lassen sich auch die beliebten Duftgeranien antreiben, bevor sie in den Garten oder in den Topf gepflanzt werden. Regelmäßiger Formschnitt ist nötig, die anfallenden Blätter können vielfältig in der Küche verwendet werden.

Frühbeetpraxis

Aussaaterde selbst herstellen und richtig aussäen

Gute Komposterde oder »normale Blumenerde« durch ein feines Sieb geben, grobe Bestandteile entfernen, im Backofen 30 Minuten bei 120 °C erhitzen (sterilisieren) und mit Sand (Spielsand) 1:1 mischen. Die Aussaat nicht zu früh vornehmen, denn mit zunehmender Lichtintensität verringern sich Probleme bei der Keimung. Saatschalen abdecken, da das Austrocknen die Keimung gefährden kann. Schon beim Befüllen der Schale die Ränder fester andrücken als die Mitte, so trocknen die Schalen gleichmäßig ab. Saatschalen nach der Aussaat mit feiner Brause wässern. Ob und wie hoch mit Erde abgedeckt wird, hängt von der Pflanzenart ab. Angaben dazu und zur optimalen Keimtemperatur finden Sie auf der Samentüte. Für alle Saaten gilt: nie direkt aus der Tüte säen, nicht zu dicht und nicht zu tief (maximal bis zur drei-fachen Stärke des Samens) säen und feine Samen mit Sand mischen.

Folien und Vliese im Garten einsetzen

Wenn man das Frühbeet im April nutzt, ist es meist zu klein, denn die Jungpflanzen in den Schalen müssen pikiert werden, andere sind fast fertig … Da es nicht mehr so kalt ist, können hier Folie oder Vlies helfen. Locker aufgelegt und an den Rändern mit Sandsäcken oder Folienhaken gesichert, wächst Salat sehr gut.

Eine weitere Möglichkeit, Platz zu schaffen, ist ein provisorischer Unterstand. Dazu kann man im Handel Eckverbindungen aus stabilem Kunststoff erwerben. Die lassen sich, ergänzt durch Holzlatten, mit Vlies oder Folie schnell zu einem provisorischen Frühbeet in jeder benötigten Größe, aufstellen. Natürlich wieder die Ränder sichern. Leider etwas umständlich beim Gießen und Lüften, aber hilfreich, um den Engpass zu überbrücken. Eine weitere Möglichkeit sind Folientunnel, also Drahtbügel mit Folienbespannung – diese sind allerdings aufwendig in der Pflege.

Den Rand der Aussaatschale fester andrücken, dann trocknet er langsamer aus.

Einen gewissen Schutz vor Kälte, aber trotzdem genügend Luft erreicht man mit Lochfolie.

Lochfolie, UV-beständig, UV-lichtdurchlässig, ca. 500 Löcher pro m^2, Lochdurchmesser ca. 10 mm, Stärke ab 0,04 mm – diese Gartenfolie ist genügend reißfest für Folientunnel.

Vlies dient als winterlicher Frostschutz für zahlreiche Kulturen. Es ist wasserdurchlässig, universell einsetzbar im Frühbeet, im Gewächshaus und auf Beeten.

Mai

Der Hoffnungsmonat Mai lässt auf ein ertragreiches Gartenjahr hoffen. Der Boden ist noch »winterfeucht«, die Wildkräuter sprießen eher zögerlich, doch die Sonne wärmt an manchen Tagen sommerlich. Im Frühbeet wird es schnell zu warm, und man ist froh über eine automatische Lüftung. Bei frisch gepflanzten, noch nicht eingewurzelten Pflanzen sollte mit einem Vlies schattiert werden, um Verbrennungen zu vermeiden. Nachts jedoch sollte bis Mitte des Monats noch mit Noppenfolie abgedeckt werden, um die Tageswärme so lange wie möglich zu halten.

Gemüse des Monats: Paprika/Chili – eine scharfe Sache

Chilis werden als »scharfes« Gewürz immer beliebter. Man kann sie leicht selbst anbauen.

Die Spanier brachten im 16. Jahrhundert Paprika, und das sind alle Chili-Sorten, aus Süd- und Mittelamerika nach Europa. Sie kamen vermeintlich aus dem Kontinent, wo der »der Pfeffer wächst«, daher die Bezeichnung »Spanischer Pfeffer.« Durch Handel wurden sie weltweit verbreitet und in Asien und Afrika schnell als scharfes Gewürz geschätzt. Aus Indien und Mexiko kommen die superscharfen Sorten. Die milden, mehr oder weniger capsaicinfreien (schärfefreien) Gemüse-, Block- und Spitzpaprika wurden erst später in Europa gezüchtet. Für das Frühbeet sind niedrige Sorten geeignet, darunter extrem »scharfe«.

Kultur: Chilis benötigen bis zur Ernte viel Zeit. Je früher man also aussät, desto besser. Genügend Licht ist aber Voraussetzung, sonst lieber warten. Das Saatgut sollte in Samenstärke mit Sand oder Aussaaterde abgedeckt werden. Bei 22 °C bis 28 °C keimt die Saat. Nach vier bis sechs Wochen werden die Chilis pikiert und möglichst warm, mindestens bei 18 °C, besser bei 24 °C kultiviert. Nachts kann die Temperatur um 5 °C absinken. Nach dem Einwurzeln kann schon in schwacher Konzentration flüssig gedüngt werden. Später erhöhen, dann ca. alle zehn Tage flüssig düngen. Wird direkt ins Früh-

Vielfalt der *Capsicum* – als Paprika oder Chili im Handel – von mild bis extrem scharf.

beet gepflanzt, kann man einen Langzeitdünger verwenden, ob organisch (Schafwolle) oder mineralisch ist für den Erfolg nicht ausschlaggebend. Chilis ohne Regenschutz direkt in den Garten zu pflanzen, gelingt selten. Der Boden sollte locker und nährstoffreich sein. Auch ist die Kultur im Container möglich, immer nur qualitativ hochwertige Blumenerde, besser noch Kübelpflanzenerde verwenden. Sonst können Sie Blähton, Lava oder Perlite zur besseren Luftführung dem Substrat beimischen.

Krankheiten und Schädlinge: Im Frühbeet muss immer ausreichend und früh gelüftet werden, damit die hohe Luftfeuchtigkeit der Nacht reduziert wird. Das verhindert Pilzkrankheiten wie *Botrytis* (Grauschimmel), Echten und Falschen Mehltau sowie Rostkrankheiten. Häufig an Chilis auftretende tierische Schädlinge sind Thrips, Blattläuse, Milben und Weiße Fliege.

Sorten: Die Sortenvielfalt ist riesig, Kriterien sind vor allem Schärfe und Wuchshöhe. Hier nur wenige niedrige Sorten, die auch als Balkonsorten angeboten werden. Im Handel erhältlich sind auch als Mischungen niedriger Sorten. 'Agatha', eine zitronengelbe Chili, mittelscharfe Früchte, 1,6 cm bis 2,2 cm Durchmesser, 5 cm bis 6 cm lang, wie Bananen leicht gekrümmt, sie reifen gelb ab. Die Pflanzen werden 40 cm bis 45 cm hoch und ebenso breit, also ideal für das Frühbeet. Die Kirschpaprika 'Cherrybomb' besticht durch die außergewöhnliche Form, die Schoten mit 3 cm Durchmesser erinnern an eine Kirsche. Sie zählt zu den mäßig scharfen Vertretern der Art. Fruchtig, sogar leicht süßlich im Geschmack. Die Pflanze ist »kleinwüchsig« und selten bis 70 cm hoch. Die Sorte 'Limon' produziert Unmengen an aromatischen Früchten. Die 3 cm bis 5 cm großen Schoten reifen von Grün nach Zitronengelb, wie ein Tropfen am Strauch hängend. Sie wächst buschig und wird ca. 60 cm hoch.

Jetzt aussäen

- Salat
- Bohnen (Anzucht wie Puffbohnen)
- Melonen

Jetzt pflanzen

- Gurken
- Auberginen
- Paprika und Chili

Aussaat, so wird es gemacht

Melonen vorziehen

Von den Melonen werden am häufigsten Zuckermelonen *(Cucumis melo)* im Frühbeet angebaut bzw. vorgezogen. Wer ein Frühbeet ab 1 m mal 1 m besitzt, kann Melonen anbauen. Eine andere Variante ist der Anbau im Freiland oder unter Folie. Voraussetzungen für das Gedeihen sind ein geschützter Standort sowie ein humoser, feuchtigkeitsspeichernder Boden. Da Melonen Wärme brauchen, sollten sie Anfang des Monats im Zimmer oder im beheizten Frühbeet ausgesät werden. Dazu eignen sich am besten 11-cm-Töpfe, um später gleich große Pflanzen ins Frühbeet bzw. Freiland zu bringen. Man legt jeweils

Vlies schützt frisch pikierte oder gepflanzte Gewächse vor zu schneller Verdunstung. Meist haben sie ja noch nicht wieder die volle Funktion der Wurzeln wie vor dem Eingriff erlangt.

Zuckermelonen wurden früher häufig im Frühbeet angebaut; die Sorte 'Auguste Victoria' (Bild) wurde 1853 als Neuheit eingeführt. Heute sind Samen schwer zu erhalten, aber dafür andere Sorten.

nur einen Samen in die Erde (oder zwei und entfernt später die schwächere). Vorkeimen ist nicht notwendig. Wie bei Bohnen den Topf zunächst nicht bis zum Rand mit Erde füllen, erst später zur Wurzelbildung nachfüllen. Nach zwei Wochen werden die Töpfe ins Frühbeet gebracht, nur hier erhalten sie ausreichend Licht.

Entweder verbleiben die Melonen im Frühbeet, oder sie werden »abgehärtet« in der ersten Junihälfte ins Freiland gepflanzt. Die Bodentemperatur sollte nicht unter 15 °C liegen. Bei niedrigen Temperaturen, auch später, unbedingt Folien (Schlitzfolie oder Vlies) verwenden. Mit der Blüte muss die Abdeckung (auch beim Frühbeet) entfernt werden, da die Blüten durch Insekten bestäubt werden. Mit der Blüte und der Fruchtbildung wird viel Wasser gebraucht. Der Nährstoffbedarf ist nicht so hoch wie bei Gurken, aber höher als bei Tomaten. Am einfachsten düngen Sie angepasst an das Wachstum mit Flüssigdünger. Wenn Melonen die ersten fünf Blätter zeigen, sollte man die Spitzen ausknipsen. Dadurch entwickeln sich die vier Seitentriebe kräftiger. Zeigen sich später die ersten Melonenfrüchte, sollte man wieder zwei Blätter weiter die Triebspitzen entfernen. Damit weder Früchte noch Pflanzen faulen, gibt es einen Trick: Man setzt einfach zwei leere Tonblumentöpfe links und rechts der Melone in die Erde und gießt nur über die Blumentöpfe. Wasser kann langsam in den Wurzelbereich einsickern. Eine andere Möglichkeit, um Fäulnis zu verhindern, ist die Pflanzung auf kleinen Hügeln. Krankheiten wie bei der Gurke, besonders häufig tritt die Spinnmilbe (Rote Spinne) auf. Um diesen Schädlingsbefall zu vermeiden, sollte man die Luft ausreichend feucht halten.

Auspflanzen, so wird es gemacht

Auberginen und Paprika

Auch die zuvor im Zimmer herangezogenen Paprika und Auberginen kommen Anfang Mai in das Frühbeet. So vorbereitet, kommen sie später im Freiland besser zurecht. Direkt aus der Zimmerkultur sind die Pflanzen meist etwas »vergeilt« und das Gewebe weich, was aber im Frühbeet »gefestigt« wird. Ob man jetzt noch einmal umsetzt, hängt von der Sorte ab. Wenn nicht umgesetzt wird, muss man aber flüssig düngen. Paprika und Auberginen brauchen relativ viele Nährstoffe. Wurde beim Topfen allerdings schon ein Langzeitdünger verwendet, reicht der Dünger natürlich aus. Wenn es die Höhe des Frühbeetes zulässt, kann man einige klein bleibende Sorten von der Paprika auch im Frühbeet auspflanzen.

Gurken jetzt ins Frühbeet

Wird ein Frühbeet beheizt (mit Mist oder einer anderen Wärmequelle), können am Monatsanfang auch Gurkenpflanzen ins Frühbeet, sonst lieber bis zur Monatsmitte warten. Gurken sind wärmebedürftig und windempfindlich. Schon bei 8 °C können Wachstumsstockungen auftreten. Zwar gibt es Freilandsorten, doch auch die versagen bei niedrigen Nachttemperaturen. Die als Kastengurken angebotenen Sorten waren früher tatsächlich nur Sorten für das Frühbeet. Heute hat sich die Bezeichnung zwar erhalten, die Gurken wachsen aber auch im Freiland – doch natürlich im Frühbeet besser! Es sind Einlege- und Salatgurken zu unterscheiden, wobei auch dort der Übergang eher fließend ist. Moderne Sorten sind bitterfrei und blühen rein

Auberginen oder Eierfrucht sind als Frucht zwar bekannt, dass man sie leicht anbauen kann, ist weniger geläufig. Allerdings brauchen sie Wärme. Wenige Sorten werden für das Freiland angeboten.

Spinnmilben schätzen Gurken sehr. Sie gehören zu den häufigsten Schädlingen. Bei Hitze befallen sie die Pflanzen und überziehen sie mit dem für sie typischen, weißlichen Gespinst.

TIPP

Pikieren

Vereinzeln nennt der Gärtner den Vorgang des pikierens. Der richtige Zeitpunkt dafür ist, wenn Sämlinge sich im Aussaatgefäß berühren. Vereinzeln heißt aber nicht, dass die Pflanzen so weit auseinander gepflanzt werden, dass sie nicht mehr Kontakt halten. Ihre Blätter dürfen sich nur anfangs nicht berühren, nach zwei bis drei Wochen soll dies wieder der Fall sein. Das Pikiersubstrat kann schon mehr Nährstoffe enthalten. Häufigeres Pikieren sorgt für schnelles Wachstum. Dabei dürfen die gewählten Einzeltöpfe nicht zu groß sein, da diese schlechter abtrocknen und die Gefahr von Staunässe entsteht. Zum Pikieren sind Multitopfplatten, Erdpress-, Torf-, Papier- oder Kokostöpfe gut geeignet.

weiblich, bilden kernlose Früchte, sind also jungfernfrüchtig (parthenocarp). Ob im Frühbeet oder Freiland, wichtig ist ein lockerer, gut durchlüfteter, feuchter Boden, der mit nährstoffreichem Humus angereichert wird. Gurken wurzeln nicht tief. Wenn die Pflanzen Früchte ansetzen, benötigen sie reichlich Wasser und Nährstoffe. Können die Früchte nicht ausreichend versorgt werden, fallen sie ab. Wenn man nicht mineralisch düngen will, muss man organischen Dünger, gut abgelagerten Mist oder reifen Kompost in den Boden einarbeiten. Gegossen wird niemals in der Mittagshitze, sondern am Morgen, möglichst mit abgestandenem Wasser. Kaltes Wasser kann zum Temperaturschock führen und Blattschäden wie bei Verbrennungen verursachen. Bleiben die Gurken im Frühbeet, genügt eine Pflanze pro m^2. Im Freiland wird frühestens Ende des Monats (in Norddeutschland auch später) auf 50 cm mal 100 cm Abstand gepflanzt. Wie bei den Melonen haben sich ca. 30 cm hohe Dämme bewährt. Mit Stroh oder Folie mulchen. Um anfangs die Pflanzen vor Wind zu schützen, sollte man auch mit Folie abdecken. Zugekaufte Gurken sollten nach Möglichkeit vier bis sechs ausgebildete Blätter und noch keine Blüten- oder Fruchtansätze haben.

Frühbeetpraxis

Die Eisheiligen

Vor den Eisheiligen ist immer Vorsicht geboten. Sie sind regional unterschiedlich, in Norddeutschland vom 11. bis 13. Mai (Mamertus, Pankratius und Servatius). Im Süden und Südosten Deutschlands gehören noch der 14.

(Bonifatius) und der 15. Mai (Kalte Sofie) zu den Eisheiligen. Der 11. Mai (Mamertus) hat dort keine Bedeutung. Weil an diesen Tagen häufig noch kalte Luftmassen aus den Polargebieten auf das Festland treffen, wurden die Eisheiligen in die Bauernregeln aufgenommen. Der Unterschied zwischen Nord- und Süddeutschland erklärt sich aus dem Zeitraum, den die Kaltluft bei Eintritt der Nord-Wetterlagen benötigt, um von Nord nach Süd vorzudringen. Moderne Meteorologie kann solche Tage recht gut vorhersagen, jedoch gibt es immer noch örtliche Unterschiede. Man kann aber seine eigene Vorhersage machen. Sobald ein in ca. 50 cm Höhe angebrachtes Thermometer −2 °C anzeigt, droht den unbeheizten Frühbeeten und Folientunneln Gefahr. Abdeckung der Frühbeete, Schilf- oder Rohrmatten, Luftpolsterfolie, dazu eine Laubschicht um den Kasten oder die Verwendung von Styrodurplatten reichen in der Regel aus, zusätzlich gibt man Vlies direkt über die Pflanzen.

Lüftung und Abhärtung der Pflanzen

Alle Pflanzen, die aus dem Frühbeet in den Garten kommen, sollen ohne Unterbrechung oder gar Schäden durch Verbrennung weiterwachsen. Dazu wird zunächst wenig, später immer mehr gelüftet. Vlies wird nur noch in der Mittagssonne und nachts verwendet. Man kann sogar wenn möglich stundenweise die Fenster ganz entfernen und die Pflanzen an das Licht gewöhnen. Umgepflanzt wird dann an einem eher trüben Tag. Hat man aber nur an einem sonnigen Tag Zeit, unbedingt mit Vlies schützen, ein bis zwei Tage reichen in der Regel aus.

Die Zeit der Schädlinge beginnt

Mit zunehmender Wärme kommen Läuse, Schnecken und Raupen. Der relativ kleine Raum im Frühbeet ist eigentlich gut überschaubar und Schädiger sollten schnell bemerkt werden. Sofortiges Handeln macht Gift meist überflüssig. Raupen kann man, zumindest im Frühbeet, anfänglich absammeln. Wenn allerdings Massen zu bekämpfen sind, kann man ein biologisches Mittel auf Basis von *Bacillus thuringiensis* (für Nützlinge ungefährlich) mehrmals bei warmem Wetter spritzen. *B. thuringiensis* zerstören die Darmwand der Raupen. Im Garten hilft ein artenreiches Umfeld, Vögel sind natürliche Helfer. Unangenehm sind auch Schnecken, vor allem Nacktschnecken. Die Eier werden beispielsweise über Kompost oder Mulchmaterial auch in das Frühbeet getragen. Ackerschnecken und spanische Wegschnecken sind schon als Jungtiere gefräßig. Wenn möglich absammeln, besonders früh morgens und abends, mit einer Taschenlampe lassen sich die Tiere finden.

Wo Ameisen im Frühbeet auftreten, findet man häufig auch Läuse. Man kann sie vertreiben.

Juni

Der Juni ist der erste richtige Erntemonat. Kohlrabi und Salat, die im Frühbeet vorgezogen und dann in den Garten ausgepflanzt wurden, können bereits geerntet werden. Zu den typischen Gartenarbeiten im Juni zählt das Unkrautjäten und abhängig von der Witterung das Gießen. Im Frühbeet kann man sich durch Mulchfolie oder Strohmulch beide Arbeiten reduzieren.

Gemüse des Monats: Kohlrabi

Kohlrabi (Oberkohlrabi, Oberrübe) ist eine zweijährige Pflanze, d.h. im zweiten Jahr würde die Blüte kommen. Bei niedrigen Temperaturen zwischen 5 °C bis 8 °C über einen Zeitraum von drei Wochen, kann es früher zu vorzeitiger Blütenbildung, zum Schossen kommen. Auch zu hohe Temperaturen können die Knollenbildung verzögern oder sogar ganz unterbinden. Bei zu viel oder zu wenig Wasser oder durch Schädlingsbefall kann es sogenannte Platzer geben. Das beliebte »Treibgemüse« hat nur eine Kulturdauer von etwa 40 Tagen.

Kultur: Am besten beginnt man mit der Aussaat ab Februar am Fensterbrett oder im warmen Frühbeet, ab Ende März im kalten Frühbeet. Bis dahin sollten Sie Jungpflanzen kaufen. Man sät in Saatschalen und pikiert nach wenigen Tagen, oder man sät einzeln in kleine Multitopfplatten. Sämlinge müssen gegen Frost geschützt werden, wenn möglich immer lüften. Bei zu hohen Temperaturen oder Wassermangel im Frühbeet würden sie lang und dünn werden und die Kohlrabi nicht weich, sondern eher holzig.

Der Pflanzabstand hängt aber auch davon ab, ob Knollen oder/und Laub geerntet werden sollen. Die Verwendung ist nämlich je nach Region unterschiedlich. Knollenkohlrabi können nur bei größeren Pflanzenabständen mit 25 cm mal 30 cm entstehen. Freiland-»Laubkohlrabi« dagegen entsteht bei enger Pflanzung im Abstand 20 cm mal 25 cm der gleichen Sorte. Nicht zu tief pflanzen, auch das verhindert die Knollenbildung.

Erntezeit bei Kohlrabi ist ab Mitte April, bei günstigen Lagen bis in den Winter hinein.

Fraßstellen an Kohlpflanzen stammen häufig von Raupen des Kohlweißlings.

TIPP

Kräuter

Viele Kräuter werden im Supermarkt in Töpfen, auch in Bioqualität verkauft. Neben Basilikum finden Sie auch mehrjährige Kräuter wie Thymian oder Oregano. Statt die Töpfe sofort zu ernten, pflanzen Sie diese in größere Töpfe um, kürzen Wurzeln und Triebe etwas ein und stellen diese ins Frühbeet. So kann man wochenlang ernten.

Blumenkohl wird im Frühbeet enger gepflanzt als im Freiland. 40 cm × 40 cm reichen meist aus.

Krankheiten und Schädlinge: Erdraupen, *Erwinia* Weichfäule, Falscher Mehltau, Kohlfliege, Kohlhernie, Kohlweißling/Raupe, und Schnecken. Viele dieser Schädiger lassen sich vorbeugend in Griff bekommen.

Sorten: Frühe Sorten 'Kohyro', weiß und 'Blaro' oder 'Azur Star' violett-blau (auch für den Herbstanbau), dazu 'Avanti' als weiße Sorte für Frühjahr- und Herbstanbau im Frühbeet. 'Lanro', eine weiße, schossfeste Sorte, die ganzjährig angebaut werden kann, wie auch die bekannte Sorte 'Riesenschmelz', ein weißer Riesenkohlrabi.

Jetzt aussäen

- Salat
- Kohlrabi, Nachsaat für den Herbst
- Blumenkohl, Brokkoli
- Grünkohl

Jetzt pflanzen

- Salat
- Melone

Jetzt ernten

- Kohlrabi
- Salat

TIPP

Ernten

Salat kann man morgens oder abends ernten, später im Jahr möglichst erst am Abend, damit der Nitratgehalt durch Tageslicht und Wärme niedrig ist. Nitrat ist in den Salaten unterschiedlich verteilt. Besonders in Stielen, Strünken, großen Rippen und den äußeren Blättern ist der Gehalt höher. Besser haltbar ist der Salat, wenn er trocken geerntet wird.

Aussäen, so wird es gemacht

Blumenkohl und Brokkoli

Blumenkohl sollte höchstens alle vier bis fünf Jahre auf dem gleichen Beet angebaut werden, um Kohlhernie vorzubeugen, ausgelöst durch einen parasitisch lebenden einzelligen Organismus, der Verkrüppelungen auslöst und die Wurzeln befällt. Betroffen werden auch andere Kreuzblütler wie Rettich, Radieschen oder Senf. Sommerblumenkohl und Sommerbrokkoli wurden im März ausgesät und dann in den Garten ge-pflanzt. Jetzt werden Herbstblumenkohl oder Herbstbrokkoli, möglichst in Multitopfplatten, ausgesät. Wenn man das Frühbeet allerdings später im Jahr nicht mehr nutzen will, kann man Blumenkohl und Brokkoli auch direkt im Frühbeet kultivieren. Ausgepflanzt in das Frühbeet wird Ende August, wenn die Jungpflanzen fünf Blätter haben. Anders als im Freiland ruhig enger setzen, 40 cm mal 40 cm. Blumenkohl benötigt immer genügend Feuchtigkeit und Nährstoffe vor allem Stickstoff, im Wachstum und in der Kopfbildung. Mit einem mineralischen Stickstoffdünger flüssig nachdüngen, (Kopfdüngung) oder mehrmals mit Brennnesseljauche. Eine Gabe Algenkalk in das Pflanzloch hilft gegen Kohlhernie. Anfällig sind die Kulturen gegen Kohlfliege, Erdflöhe und Raupen vom Kohlweißling. Alle lassen sich konventionell oder biologisch bekämpfen. Nach der Ernte wird der Boden im Frühbeet tiefgründig (mindestens 30 cm) ausgetauscht, dann kann man jährlich ohne Gefahr von Kohlhernie den Anbau wiederholen.

Grünkohl, nicht nur für den Norden

Aussaat des norddeutschen Gemüses erfolgt jetzt, möglichst einzeln in Multitopfplatten, ca. 5 cm. Die Saat gut abdecken und nicht austrocknen lassen. Grünkohl gilt als einfach im Anbau, auch seine Ansprüche an den Boden sind weniger hoch als bei anderen Kohlarten. Trotzdem werden sie schon im Jungpflanzenstadium von Weißen Fliegen oder Läusen befallen. In der Schweiz wird er immer beliebter als Federkohl.

Juli und August

Die beiden Monate sind nicht nur die klassischen Urlaubsmonate, sondern meist auch die mit den höchsten Temperaturen, das bedeutet also viel Arbeit mit dem Gießen. Zum Glück sind die meisten Pflanzen jetzt gut eingewurzelt und vertragen Trockenheit und Licht besser. Falls Sie für die Urlaubszeit weder Gießdienst noch eine automatische Belüftung und Bewässerung haben, nehmen Sie jetzt besser keine Aussaaten vor, denn die können nicht ohne Beobachtung bleiben.

Gemüse des Monats: Asia-Salate

Die Bezeichnung Asia-Salate verbirgt eine Vielfalt von Blatt genutzten Gemüsearten aus dem asiatischen Raum. Meist handelt es sich um Blattsenf-, Kohlarten und ihre Kreuzungen. Alle wachsen extrem schnell und haben eine hohe Kältetoleranz, bis −17 °C. Besonders lecker schmecken diese, wenn im Blattstadium zwischen 6 cm und 10 cm als »Babyleaf« geerntet wird. Die Ernte im Frühbeet, ja sogar im Freien unter Vlies oder Folie ist fast ganzjährig möglich. Wenn die Salate überfrieren, darf man sie nur langsam auftauen und möglichst nicht berühren, sonst zerstören Eiskristalle das Blattgewebe.

Kultur: Die Aussaat kann bei Keimtemperaturen von 12 °C direkt, sehr eng in Reihen oder einzeln in Multitopfplatten erfolgen. Erntet man im Babyleaf-Stadium die jungen Blätter mit einer Länge von 15 cm bis 20 cm, kann die Aussaat ganzjährig erfolgen. Ansonsten sät man von März bis April, dann wieder ab August bis Anfang November aus, da einige Kohlarten wie Pak Choi bei hohen Temperaturen zum Schossen neigen.

Im Garten bevorzugen Asia-Salate eher halbschattige Lagen mit feuchter Luft. Da sie zu den Starkzehrern zählen, sollte der Boden möglichst gut mit verrottetem Kompost versorgt sein. Soll mehrfach im Frühbeet angebaut werden, empfiehlt es sich, den Boden jährlich auszutauschen, um Krankheiten vorzubeugen. Gegossen wird wenig und es sollte möglichst viel gelüftet werden, um Pilzkrankheiten zu vermeiden. Auch im Winter kann man mehrmals ernten, wenn man nicht zu tief schneidet oder zupft.

Krankheiten und Schädlinge: Gerade im Sommeranbau werden bereits die kleinen Pflanzen

Asia-Salate kann man zuerst in Multiplatten vorziehen, dann direkt ins Frühbeet auspflanzen.

von Erdflöhen befallen. Schutz bietet ein Gemüseschutznetz mit Maschenweite von 0,5 mm. Außerdem treten auf: Erdraupen, Kohleulen, Kohlfliegen, Kohlhernie, Nacktschnecken und Raupen (Kohlweißling).

Sorten: 'Mizuna', mildwürziger Geschmack, ähnlich wie Stielmus, stark gefiederte Blätter, kann öfter geschnitten werden. 'Frizzy Lizz' und 'Frizzy Joe' haben krause Blätter. 'Mustard Red Giant' ist grün-bronzefarbig und scharf, 'Misome' hat grüne ganzrandige Blätter, ist kresseartig und mild im Geschmack, 'Komatsuna Green Boy' hat grüne, fleischige, glattrandige Blätter und ist mild. Das ist nur eine kleine Auswahl. Häufig werden Mischungen als Saatband angeboten.

Winterendivien sind typische Herbstsalate, man kann sie, muss aber nicht, bleichen.

Jetzt aussäen

- Winterendiven
- Blumenkohl
- Bohnen
- Frühlingszwiebeln
- Chinakohl und Pak Choi
- Winterkohlsorten wie Weißkohl, Kopfkohl, Rotkohl, Butterkohl und Wirsing
- Petersilie

Jetzt pflanzen

- Grünkohl

Jetzt ernten

- Herbstkopfsalat

Aussäen, so wird es gemacht

Petersilie säen für den Winter

Bei Petersilie unterscheidet man Blatt- und Wurzelpetersilie. Bei der Blattpetersilie wiederum solche mit gekrausten und mit glatten Blättern. Wurzelpetersilie (Petersilienwurzel, Knollenpetersilie) wird meist als Suppengrün verwendet, man kann aber auch die Blätter nutzen. Zum Treiben für den Winter verwendet man Blattpetersilie, die entweder als Bioware im Supermarkt gekauft oder aus dem eigenen Beet genommen wird. Bei Pflanzen mit Topfballen können gleich die äußeren Blätter weiter geerntet werden, denen aus dem Beet gönnt man eine Erntepause. Für die Ernte ab Oktober werden jetzt im August ein bis drei Pflanzen, je nach Bedarf, ins Frühbeet gepflanzt. Vor der Pflanzung wird der Boden durchdringend befeuchtet, später wird wegen der Gefahr von Wurzelfäule nur verhalten gegossen. Bei zu späten Pflanzterminen ab Mitte September wurzeln die Pflanzen nicht mehr richtig ein und sind anfällig für Pilzkrankheiten. Bis zu einer Lufttemperatur von –3 °C kann Petersilie im Frühbeet problemlos geerntet werden. Danach sollte man zusätzlich Vlies als Kälteschutz auflegen. Nun wartet man bis März, April, dann treiben die Pflanzen erneut aus.

Treiben können Sie übrigens auch andere, nicht verholzte Kräuter aus dem Garten. Sie sollten allerdings schon Ende Juli in den Frühbeetkasten gebracht werden. Sie werden zurückgeschnitten und treiben dann bis Ende September noch einmal aus. Die jungen Blätter können geerntet werden.

TIPP

pH-Wert

Die meisten Gemüse bevorzugen einen pH-Wert zwischen 6,5 und 7,5. (neutral = pH 7). Den pH-Wert kann man leicht selbst bestimmen. Die Verfügbarkeit der Nährstoffe hängt auch vom pH-Wert des Bodens ab. Der Wert drückt den Säure- oder Alkaligehalt einer Substanz aus.

Frühbeetpraxis

Automatische Tröpfchenbewässerung

Wenn möglich gießt man nie über Pflanzen, sondern in den Wurzelbereich – das hält die Luftfeuchtigkeit niedrig und Pilzkrankheiten werden vermieden. Das ist im Frühbeet aber schwierig, weil die Blätter schon bald ein Dach bilden, und man kaum zwischen die Pflan-

Salate sind anfällig, wenn sie zu viel Wasser erhalten. Die Tropfbewässerung verhindert das.

zen gießen kann. Recht aufwendig, aber hilfreich sind drucklose Tropfbewässerungen, besonders natürlich bei Kulturen, die lange im Frühbeet verbleiben wie Paprika oder kleinere Tomaten. Diese Systeme sparen Wasser und sorgen für niedrige Luftfeuchtigkeit. Ein bekanntes System ist *Blumat*, das sich an den Bedürfnissen jeder Einzelpflanze orientiert. Daneben kann man gleichartige Pflanzen (Salat, Kohlrabi usw.) auch über einen Tropfer und das entsprechende Verteilungssystem steuern und bewässern. Angeschlossen wird das System an einen üblichen Wasseranschluss, dann mit Druckreduzierer, oder an einen Wasserbehälter, der als Hochtank fungiert. Die Tonkegel sind zugleich Sensor und Tropfer. Der mit Wasser gefüllte Feuchtefühler (Tropf-Blumat) wird in die Erde gesteckt. Trocknet das Substrat aus, so entsteht über die poröse Tonzelle ein Unterdruck. Dadurch wird die Wasserzufuhr geöffnet. Wird die Erde durch den Tropfer befeuchtet, nimmt der Tropfer über die Tonzelle Wasser auf. Der Unterdruck verschließt den Tropfer wieder. Durch eine Einstellschraube kann die gewünschte Substratfeuchte angepasst werden.

TIPP

Jetzt Ende August soll die Schattierung vom Frühbeet entfernt werden. Mit der Reinigung des Glases, der Hohlkammerplatten oder der Folie warten Sie besser, da die Sonne noch Kraft hat. Für Frühbeete, die über Winter genutzt werden, kann man jetzt auch einen Bodenaustausch vornehmen, da im Frühjahr häufig dafür keine Zeit ist.

Eine andere Möglichkeit ist das System BETA 8. Hier regeln Quellhölzchen die Tropfer, die über eine Verteilleitung, auch mit einem Druckminderer, direkt am Wasserhahn angeschlossen sind. Trocknet das Substrat, schrumpft das Quellhölzchen. Der Druck wird gemindert, und es tropft. Wird die Erde befeuchtet, quillt das Hölzchen und schließt die Zufuhr. Andere Systeme aus dem Profigartenbau verwenden unterschiedliche Tropfer und Nebeldüsen, zum Teil regelbar, die dann über Tensiometer gesteuert werden.

Mit dem Kopf düngen

Der Gärtner unterschiedet verschiedene Arten von Düngung: Zunächst erfolgt die Start-, dann die Kopf- und schließlich die Nachdüngung. Als **Startdüngung** können Kompost, aber auch mineralische oder organische oder Mischdünger verwendet werden. Da organische Dünger eher langsam wirken, kann man mit Pflanzenjauchen (stickstoff- und kalihaltig) ergänzen. Gedüngt wird, in Vorbereitung der Pflanzung, der Boden. Die **Kopfdüngung** dagegen ist gezielt auf die Pflanze (Jungpflanze) bezogen und erfolgt in niedriger Dosierung häufig mineralisch mit sofortwirksamen Düngern, seltener mit organischen Flüssigdüngern. Als Kopfdüngung bis hin zur Ernte werden Streu- oder Flüssigdünger verwendet. Auch vegane Dünger, z. B. aus genfreiem Maisextrakt, können dabei angewendet werden. Der Einsatz von Düngern richtet sich nach den verfügbaren Nährstoffen im Boden, nach der jeweiligen Gemüseart sowie nach dem Pflanzenwachstum. **Nachdüngung** bezeichnet eine Düngung nach augenscheinlichen oder festgestellten Mängeln in der Ernährung der Pflanzen, aber auch um Reifeprozesse oder die Fruchtbildung zu fördern.

Flüssige Dünger werden von der Pflanze direkt aufgenommen – natürlich mineralische noch schneller als organische. Die Auswahl ist groß. Achten Sie auf die Zusammensetzung, die den Preis bestimmt.

September

Ab September wird das Frühbeet zum »Spätbeet«. Es wird nicht mehr gepflanzt und getrieben, sondern nur noch ausgesät und geerntet. Die schon herbstlich tief stehende Sonne lässt noch viele Kulturen wachsen. Es wird nicht mehr zu warm, aber auch noch nicht zu kalt. Wenn Paprika und Tomaten im Frühbeet kultiviert wurden, sind diese jetzt nachts schon abzudecken, am Tag muss aber immer noch viel gelüftet werden.

Gemüse des Monats: Feldsalat

Rapunzel, Ackersalat, Nüsslisalat, das sind alles Bezeichnungen für den Feldsalat, der in gemäßigten Zonen Europas wild vorkommt. Der Anbau durch Gärtner ist erst seit dem 20. Jahrhundert bekannt. Heute gilt Feldsalat als Trendpflanze, die ganzjährig angeboten wird. Besonders aber wird er als Wintersalat geschätzt, liefert er doch neben Eisen viel Vitamin C. Sein Anbau ist für Frühbeet- und Gewächshausbesitzer einfach, auch unter Folie und Vlies können noch gute Ernten erzielt werden.

Kultur: Für die Ernte ab Spätherbst wird jetzt ausgesät. Entweder man sät 2 cm tief direkt ins Frühbeet (breitwürfig oder in Reihen) oder in Schalen und pikiert anschließend oder in Multitopfplatten. Bis zur Keimung wird mit Vlies oder Folie abgedeckt. In die Multiplatten (ca. 4 cm) werden als Horstaussaat sechs Samen gelegt. Wenn die Sämlinge den Topf durchwurzelt haben, wird gepflanzt. In Reihen direkt gesäte Pflanzen werden gegebenenfalls ausgedünnt. Die aus Schalen werden in kleine Töpfe oder direkt ins Frühbeet pikiert. Die Pflanzung aus der Horstaussaat bringt den besten Erfolg.

Gepflanzt wird im Abstand von 10 cm mal 10 cm. Die Ballen werden etwas höher gesetzt, um Pilzbefall zu reduzieren. Auch die Ernte der Pflanzenbüschel lässt sich dadurch wesentlich besser handhaben. Zur Pflanzung wird gründlich gewässert, danach eher vorsichtig gegossen. Im Herbst- und Winteranbau muss man mit höheren Nitratwerten rechnen. Ob gedüngt wird, hängt von der Vorkultur ab. Im Zweifel düngt

Feldsalat in Büscheln pflanzen, je später geerntet werden soll, desto größer der Abstand.

TIPP

Ringelblumen

Wenn Sie Platz im Frühbeet haben, säen Sie in der zweiten Septemberhälfte einjährige Sommerblumen wie Mohn, Ringelblumen, Kornblumen, Löwenmaul oder Sommer-Rittersporn aus. Sie blühen im nächsten Jahr bedeutend eher als Frühjahrsaussaaten.

man eher nicht. Bei niedrigen Temperaturen um –8 °C, legt man (auch im Frühbeet) als Verdunstungsschutz gegen Austrocknung zusätzlich Vlies direkt auf die Pflanzen. Je nach Sorte werden Temperaturen bis –20 °C vertragen. Wenn möglich viel Frischluft zuführen, bei Temperaturen über 3 °C auch nachts lüften.

Geerntet wird, wenn die unteren Blätter gelb werden. Geschnitten wird die ganze Pflanze, oder man schneidet – und das ist natürlich mühselig – nur die äußeren Blätter. Dann kann die Pflanze nachwachsen, und man kann zweimal ernten.

Krankheiten und Schädlinge: Falscher Mehltau, tritt bei feucht-kühler Witterung auf. Der Befall kann mit »toleranten« Sorten verhindert werden. Echten Mehltau kann man durch Sortenwahl reduzieren. Feldsalat ist salzempfindlich.

Sorten: Man unterscheidet zwei Gruppen. Die eine entwickelt große Rosetten mit breiten und langen, meistens mit mittel- bis hellgrünen Blättern. Dazu zählt die bekannte Sorte 'Holländischer Breitblättriger'. Sie wachsen schnell und sind ertragreich, allerdings sind sie nicht winterhart. Die andere Gruppe, dazu zählt die Sorte 'Dunkelgrüner Vollherziger', bildet eher kleine Rosetten mit kurzen, dunkelgrünen Blättern aus. Sie wachsen langsamer, sind aber intensiver im Geschmack und haben eine bessere Winterhärte. Weitere bekannte Sorten sind 'Elan', (gute Mehltauresistenz), 'Medaillon', 'Verte de Cambra', und 'Vit' (besonders kälteverträglich).

Für den Anbau im Frühbeet sollten Sie bei den Herstellerangaben unbedingt auf den Hinweis »Anbau unter Glas oder Folie« sowie auf Wintertauglichkeit achten. Feldsalat lässt sich auch schon früher im Jahr anbauen, dann allerdings meist in Freiland, immer mit Vorkultur im Frühbeet.

Jetzt aussäen

- Feldsalat
- Radieschen
- Spinat
- Winterportulak
- Löffelkraut

Aussaat, so wird es gemacht

Spinat im Frühbeet

Spinat für die Ernte bis zum November sollte in der ersten Septemberwoche ausgesät werden. Wenn man erst im Frühjahr ernten will, genügt die Aussaat gegen Ende des Monats. Zum Anbau kommen winterharte Sorten wie 'Monnopa', eine ertragreiche altbewährte mit dunkelgrünen, halb aufrecht stehenden Blättern. Sie ist ohne zusätzlichen Schutz winterhart. Resistent gegen Falschen Mehltau und winterfest ist die Sorte 'Vital'. Die Sorte 'Wiremona' eignet sich gut für die Ernte im selben Jahr. Sie ist resistent gegen Falschen Mehltau. Auch 'Matador' ist eine schnell wachsende und ertragreiche Sorte für den Herbstanbau.

Gesät wird direkt ins Frühbeet, in Reihensaat, Abstand im Frühbeet zwischen den Reihen 15 cm. Wenn nötig nach dem Auflaufen zu dicht stehende und schwache Pflanzen entfernen. Ob noch gedüngt wird, hängt von der Vorkultur ab, ein normal humoser Boden sollte aber ausreichen. Obwohl das Wachstum von Spinat besonders durch Stickstoff angeregt wird, sollte man im Hinblick auf Nitratbelastung in der lichtarmen Zeit zurückhaltend mit dem Düngen sein. Gelüftet wird auch an kühlen,

Spinat kann möglichst frisch und unerhitzt verzehrt werden, dann ist die muskelaufbauende Wirkung nachgewiesen, so jedenfalls eine schwedische Studie. Popeye hatte tatsächlich recht!

trüben – aber nur an frostfreien Tagen. Spinat liefert im Winter frisches Grün mit wichtigen Vitaminen sowie Mineral- und Ballaststoffen. Es steckt auch viel Eisen im Spinat, wenn auch weniger als früher behauptet. Laut der Deutschen Gesellschaft für Ernährung stecken in 100 g Spinat durchschnittlich 3,4 mg Eisen. Das können wenige andere Gemüse erreichen.

Radieschen – das letzte Mal im Jahr

Im Frühbeet können die letzten Radieschen um den 20. September ausgesät werden. Wie gehabt erfolgt die Vorkultur in Schalen mit anschließendem Pikieren oder direkt in Multiplatten. Sobald sich die Keimblätter der Sämlinge gut anfassen lassen, wird direkt in das Frühbeet pikiert oder in Multitopfplatten mit 6 cm Durchmesser, dann hat man gleich den richtigen Endabstand. Geerntet wird dann ab November. Für diese Herbstkultur muss man sehr vorsichtig gießen. Lichtmangel und zu dichter Stand können die Knollenentwicklung beinträchtigen, Trockenheit führt zum vorzeitigen Schossen.

Winterportulak – statt Feldsalat

Er wird auch Kubaspinat, Winterpostelein oder Tellerkraut genannt. Auch bei diesem Wintergemüse sind die wertvollen Inhaltsstoffe wie Vitamine und Eisen vor allem in den Blättern enthalten. Winterportulak ist einjährig, wächst

Winterportulak, Tellerkraut oder Postelein zählen zu den Kaltkeimern. Er läuft bei Bodentemperaturen unter 12° C auf. Daher bietet er sich ideal für die Winterkultur an.

horstartig und hat hell- bis mittelgrüne tellerförmige Blätter. Ausgesät wird für das Frühbeet in Multitopfplatten oder in Einzeltöpfen in sogenannter Horstaussaat, das bedeutet fünf bis acht Samenkörner werden in einen 6-cm-Topf gelegt. Nach dem Auflaufen wird in einen humosen Boden gepflanzt. Wenn das Wachstum stockt, sollte man flüssig über das Blatt nachdüngen, um eine sofortige Wirkung zu erzielen. Man verwendet dafür stickstoffhaltigen mineralischen Dünger in geringer Konzentration oder Jauche aus getrockneten Brennnesseln. Es muss reichlich gelüftet werden, bereits ab 12 °C. Bei Wärme im September oder Oktober kann es noch zum Blattlausbefall kommen, andere Krankheiten sind eher selten. Geerntet wird das Blatt vor der Blüte, zwei bis drei Schnitte sind möglich. Der Stiel wird möglichst kurz geschnitten, denn dort befindet sich der höchste Nitratgehalt. Die Blätter werden entweder als Salat genutzt oder wie Spinat zubereitet.

Löffelkraut – schmeckt nach mehr/Meer

Ein anderer Name für das Löffelkraut ist Skorbutkraut, ein Hinweis auf den hohen Vitamin-C-Gehalt. Der Geschmack ist ähnlich wie bei Kresse, nur noch scharf-würziger, manchmal auch salziger. Die Aussaat wird mit 1 cm Erde bedeckt und ist von September bis Oktober möglich. Gesät wird entweder direkt in Reihen ins Frühbeet oder besser in Schalen, die dann nach drei Wochen pikiert werden. Die Ernte der Blätter erfolgt vor der Blüte. Löffelkraut ist zweijährig und winterhart. Bei einer Aussaat im März/April könnte man schon ab Herbst ernten. Üblich ist aber die Herbstaussaat, da zuvor genügend andere Pflanzen verfügbar stehen.

TIPP

Schnittlauch treiben für Weihnachten

Der zum Treiben bestimmte Schnittlauch wird gut ernährt und nicht abgeerntet, lediglich die Blüten werden abgeschnitten. Für die Ernte um die Weihnachtszeit werden Mitte September, je nach Bedarf, einige Pflanzen ausgegraben und durch Trockenheit zur Ruhe gezwungen. Luftig, aber vor Regen geschützt lagern.

Oktober, November und Dezember

Natürlich bedeuten Spätherbst und Winter nicht das Ende der Nutzung des Frühbeetes, zumal ja auch noch reichlich geerntet werden kann. Nur das geringe Lichtangebot in dieser Zeit, setzt dem Wachstum ein Ende. Da hilft auch kein beheizbares Frühbeet. Manchmal jedoch gibt es noch lichtreiche Tage bis Weihnachten. Dann kann man versuchen, noch im Oktober und November Kurztagssorten von Radieschen und Kopfsalat auszusäen. Da bekanntlich die Vorfreude zu den schönsten Dingen zählt, kann man mit Gartenliteratur und der Auswahl der Samen die Zeit bis zum Frühjahr überbrücken.

Was geht noch im Frühbeet?

Erdbeeren zum Treiben vorbereiten

Frühsorten werden ab Oktober in 10-l-Container gepflanzt. Nachdem sie einige Tage Frost hatten, werden die Container ins Frühbeet gebracht. Bei einer Temperatur von 10 °C treiben sie aus. Gelbe Blätter und später verpilzte Früchte sofort entfernen und vernichten. Bei Frühkultur auf Läuse achten. Nach dem Aufblühen muss man von Hand mit einem weichen Pinsel befruchten. Bei hellem Stand kann bei

Die Erdbeeren (botanisch: *Fragaria)* sind botanisch gesehen keine Beeren, ebenso wenig wie Himbeeren und Brombeeren, sondern Sammelnussfrüchte. Treiben lassen sie sich trotzdem.

Früherdbeeren ab April mit der Ernte gerechnet werden. Ob sich der Anbau lohnt, hängt vom zur Verfügung stehenden Platz ab. Meist wird im April der Platz im Frühbeet dringend für Gemüseanzuchten benötigt.

Lagerung von Gemüse

Wer keinen kalten Keller verfügbar hat, kann das Frühbeet auch als Winterlager nutzen. Allerdings ist das mühsam und manchmal verhindern Schnee und Frost den Zugang. Wintergemüse wie Kohl, Sellerie und ähnliche Gemüsesorten werden in Sand eingelagert und das Frühbeet mit Matten oder Laub gegen Frost geschützt. Bei Temperaturen über 0 °C sollte das Frühbeet gelüftet werden. Ist mit viel Schnee zu rechnen, muss man eventuell noch Bretter über Folie oder Glas legen.

TIPP

Anemone

Im November und Dezember kann man das Frühbeet noch gut für die Aussaat von Stauden nutzen. Viele von ihnen sind Kaltkeimer, d. h. sie benötigen Kälteperioden, um die Keimruhe zu durchbrechen. Zu den Kaltkeimern gehören u. a. Akeleien, Anemonenarten, Asternarten, Astilben, Bergenien, Glockenblumen, Primelarten, viele Rosengewächse, Silberkerzen, Tränendes Herz und Zierlauch.

Frühbeetpraxis

Fruchtfolge, Mischkultur, Bodenmüdigkeit, Bodenaustausch

Die heutigen Gärten, besonders die Nutzgärten, sind eher klein. Umso wichtiger ist es, das geringe Platzangebot optimal zu nutzen. Wenn man dabei Fruchtfolge und Mischkultur beachten will, wird man schnell an Grenzen stoßen. Diese Kultur darf nicht im Folgejahr, jene nicht neben dem Gemüse x angebaut werden usw. Also lassen sich in der Praxis »Fehler« gar nicht umgehen. Im Frühbeet kann man vorsorglich den Boden austauschen, was allerdings eine erfolgreiche Kompostwirtschaft voraussetzt. Im Garten sollte man die Natur nachahmen und alle Flächen sofort wieder bepflanzen.

Pflanzenschutz im Frühbeet

Bei den unterschiedlichen Nutzungen im Frühbeet fühlen sich nicht nur die Pflanzen wohl, sondern auch Schädlinge schätzen das geschützte Umfeld. Das kann zu rasanter Vermehrung der Schädlinge führen. Besonders bei Läusen, Weißer Fliege, aber auch bei den Spinnmilben ist das immer wieder der Fall. Im Frühbeet, wie im Garten, hat die Ausbringung von Nützlingen keine Bedeutung, da der Einsatz durch das spezielle Klima im Frühbeet praktisch nicht durchführbar ist. Neben tierischen Pflanzenschädlingen werden die Pflanzen im Frühbeet auch von Viren, Pilzen und Bakterien befallen. Häufig handelt es sich nicht um parasitäre Ursachen, sondern um Kulturfehler. Um parasitären Schäden vorzubeugen, müssen möglichst optimale Wachstumsbedingungen (Temperatur, Ernährung, Licht, Wasser, Luft und Luftfeuchtigkeit) herrschen.

Neben der Hygiene ist auch die Stärkung der Pflanzen wichtig. Schachtelhalm, Beinwell und andere homöopathische Mittel sollte man auf jeden Fall versuchen. Gegen tierische Schädlinge sind Hausmittel einsetzbar. Bei Läusen gibt es unterschiedliche Arten wie Grüne Pfirsichblattlaus, Schwarze Bohnenlaus oder Erbsenlaus. Sie alle stechen in das Gewebe und ernähren sich vom Pflanzensaft, daher sollte man schnell handeln. Die erste erfolgreiche Anwendung kann handwarmes Wasser, ausgebracht mit einem Drucksprüher, sein. Die Tiere halten dem Druck nicht stand und werden mechanisch vernichtet. Tee, Brühen aus Brennnessel und Knoblauch gegen Läuse sind manchmal erfolgreich in der Anwendung – vorausgesetzt sie stehen sofort zur Verfügung und müssen nicht erst angesetzt werden. Eine Anwendung mit einer Schmierseifenlösung ist meist erfolgreich. Oder Sie verwenden zur Bekämpfung ein nützlingsschonendes Präparat mit keiner oder kurzer Wartezeit.

Erste Anzeichen für einen Befall

Durch die Ausscheidungen der Läuse, dem sogenannten Honigtau, werden Ameisen angelockt – sie melken die Blattläuse regelrecht und verteidigen sie sogar gegenüber Fressfeinden. Wo also viele Ameisen an den Pflanzen auftreten, muss man nach Läusen suchen. Ameisen sind aber keine Schädlinge. Man muss sie nicht bekämpfen, sondern sollte sie nur vertreiben. Das kann man mit Nematoden machen. Nematoden werden im Bereich der Nester mit der Gießkanne verteilt. Die Ameisen erkennen die Nematoden als Gefahr für ihren Nachwuchs und verlagern das Nest. Damit sind Ameisen aus dem Garten vertrieben.

Ein natürliches Mittel gegen Ameisen sind Nematoden, die die Tiere vertreiben.

Adressen, die Ihnen weiterhelfen

Bei fast allen Versandgärtnereien, in vielen Gartencentern und Baumärkten werden Frühbeete angeboten. Darunter von Firmen/Herstellern wie »JUWEL«, »Vitavia,« »KGT« u. a., die keinen direkten Vertrieb haben und in Gartencentern, Baumärkten und im Versandhandel verkauft werden.
Andere vertreiben nur Folien und Zubehör (Drahtbügel) nennen das Produkt aber auch Frühbeet oder Frühbeet-Tunnel.
Bei den hier aufgeführten Anschriften kann es sich nur um eine kleine, nicht vollständige Auswahl handeln.

Hersteller/Vertrieb von Aluminium-, Holz- und Folienfrühbeeten, meist auch Zubehör

Gewächshausbau und Pflanzenhandel Voigt
Inhaberin Susanne Voigt
Peniger Straße 30
09217 Burgstädt
www.voigt-burgstaedt.de/
(Anfertigung von Frühbeeten in jeder gewünschten Größe, verschiedene Materialien)

GreenSeason GmbH
Fontanestr. 3
17192 Waren (Müritz)
www.greenseason.de

HOKLARTHERM GMBH
Gewerbegebiet
An der Süderbäke 2
26689 Apen
www.hoklartherm.de

BioGreen OHG
Marburger Str. 1b
35649 Bischoffen-Oberweidbach
www.biogreen.de

Ing. G. Beckmann KG
Simoniusstraße 10
88239 Wangen im Allgäu
www.beckmann-kg.de

TMK GmbH – Technologie in Metall und Kunststoff
Industrieparkstraße 4
A-8480 Mureck
www.glashausbau.com

Garteco GmbH
Gewaechshaus-Shop.ch
Entfelderstrasse 9
CH-5000 Aarau
www.gewaechshaus-shop.ch

Folien und Vliese

Bioland Hof Jeebel
Biogartenversand OHG
Jeebel 17
29410 Salzwedel OT Jeebel
www.biogartenversand.de

dm-folien gmbh
Hans-Böckler-Str. 21
72770 Reutlingen (Industriegebiet West)
www.dm-folien.com

Gekaho GbR
Karl-Kammer-Str. 2
DE-77933 Lahr – Schwarzwald
www.gekaho.de

Bewässerung

DVS Beregnung
Andreas Maurer
Aixer Str. 12
72072 Tübingen
www.dvs-beregnung.de

Weninger GmbH & Co KG
Kunststoff - Keramikwerk
Hag 7
A-6410 Telfs
www.blumat.de

Zubehör wie Topfpressen und Handgeräte

Keller GmbH & Co. KG
Konradstr. 17
79100 Freiburg
www.biokeller.de

Fa. Gartenbedarf-Versand,
Inh. Richard Ward e. K.
Ottobeurer Str. 46A
87733 Markt Rettenbach
www.gartenbedarf-versand.de

Stichwortverzeichnis

Zahlen mit * verweisen auf Abbildungen

Über den Autor

Jörn Pinske ist ausgebildeter Gärtner, seine Lehre machte er in Hamburg bei der damals ältesten Orchideengärtnerei. Er arbeitete viele Jahre in der bekannten deutschen Orchideengärtnerei Wichmann in Celle und war dort für Kultur und Vertrieb der Orchideen zuständig. Danach betrieb er einen Schaugarten mit Kleingewächshäusern der führenden Hersteller aus diesem Bereich, dabei ging es um Konstruktion und praktische Nutzung der Häuser. Schließlich wechselte er in den Vertrieb von Spezialdüngern und Pflanzenschutzprodukten. Daneben ist er seit über 30 Jahren als Autor von Gartenbüchern und Beiträgen in Fachzeitschriften tätig.

Impressum

Bibliografische Information der Deutschen Nationalbibliothek

Die Deutsche Nationalbibliothek verzeichnet diese Publikation in der Deutschen Nationalbibliografie; detaillierte bibliografische Daten sind im Internet über http://dnb.d-nb.de abrufbar.

BLV Buchverlag GmbH & Co. KG
80636 München

Bildnachweis
Alle Bilder und Grafiken von Jörn Pinske

Umschlagkonzeption und -gestaltung: BLV-Verlag

Umschlagfotos: Jörn Pinske

Lektorat: Rita Meixner
Herstellung: Hermann Maxant
Layoutkonzeption: griesbeck design, München
Layout: Kathrin Michel, München

Gedruckt auf chlorfrei gebleichtem Papier

Printed in Germany

ISBN 978-3-8354-1480-8

Hinweis
Das vorliegende Buch wurde sorgfältig erarbeitet. Dennoch erfolgen alle Angaben ohne Gewähr. Weder Autor noch Verlag können für eventuelle Nachteile oder Schäden, die aus den im Buch vorgestellten Informationen resultieren, eine Haftung übernehmen.

www.facebook.com/blvVerlag